民法典

热点问题

120问

张明敏 编著

山东城市出版传媒集团·济南出版社

图书在版编目（CIP）数据

民法典热点问题 120 问/张明敏编著 . —济南：济
南出版社，2021.7（2023.12 重印）
ISBN 978 - 7 - 5488 - 4742 - 7

Ⅰ . ①民… Ⅱ . ①张… Ⅲ . ①民法—法典—中国—问
题解答 Ⅳ . ①D923.05

中国版本图书馆 CIP 数据核字（2021）第 135651 号

出 版 人 田俊林
图书策划 史 晓
责任编辑 史 晓 陈 新
特约编辑 刁彦如
封面设计 张 倩
出版发行 济南出版社
地 址 山东省济南市二环南路 1 号（250002）
印 刷 济南新科印务有限公司
版 次 2021 年 7 月第 1 版
印 次 2023 年 12 月第 4 次印刷
成品尺寸 170mm×240mm 16 开
印 张 9.75
字 数 124 千
印 数 7001 - 8000 册
定 价 49.00 元

（济南版图书，如有印装错误，请与出版社联系调换。联系电话：0531 - 86131736）

序 言

2020 年 5 月 28 日，十三届全国人大三次会议审议通过了《中华人民共和国民法典》，这是新中国成立以来第一部以"法典"命名的法律，是以习近平同志为核心的党中央作出的重大法治建设部署，是新时代我国社会主义法治建设的重大成果。民法典的颁布实施，标志着我国依法保护民事权利进入全新的民法典时代。

《中华人民共和国民法典》共 7 编 1260 条，是我国法律体系中条文最多、体量最大、篇章结构最复杂的一部法律。民法典被誉为"万法之母"，是社会生活的百科全书，通过划定自然人和法人的权利及其界限，明确主体的权利能力和行为能力，规定生产和交换的一般条件以及对违约和侵权的补救措施，保护人们的正当权利，使人们可以无顾虑地、有合理期望地、尽其所能地进行创造财富的活动，依法全方位地为公民的生产（包括物质生产、精神生产）和生活（包括社会生活、家庭生活、政治生活、经济生活）提供平等的便利和法治保护，保障人的自由、尊严和发展，促进经济增长、社会公平、社会秩序和社会进步，是公民权利的保护神。

为更好地配合民法典的学习、宣传和实施，帮助读者准确理解、把握民法典新增内容以及社会关注的与日常生活密切相关的法条，更好地依法保护自己的合法权益，本书采用新颖的"问＋答＋案例分析＋法条链接"的体例，力求将民法典关于胎儿继承权、老年人意定监护、基层自治组织法人为特别法人、虚拟财产的保护、见义勇为是否承担民事责任、诉讼时效延长、未成年人遭性侵的起诉时效、添附、土地经营权、住宅建设用地使用权自动续期、居住权、电子合同、向霸座者说"不"、物业服务合同、网贷被套路怎么办、器官捐献、预防性骚扰、姓名权的扩张保护、"标题党""跟风党"的民事责任、个人信息内涵、离婚冷静期、夫妻债务、遗产范围的扩大、继承权的失而复得、继承人范围的扩大、遗产管理人制度、"自甘风险"规则、高空抛物坠物治理规则等的新规定全方位予以解读,把民法典相关条文的深奥的立法宗旨以通俗易懂的方式呈现给读者,易于读者理解、使用。

因时间和水平有限,如有疏漏之处,敬请读者批评指正。

编　者

2021 年 5 月

目 录

第一讲 总 则

第二讲 物 权

第三讲 合 同

第四讲 人格权

第五讲 婚姻家庭

第六讲 继 承

第七讲　侵权责任

第一讲
总 则

1. 胎儿是否具有继承遗产、接受赠与的资格?

答： 胎儿有继承遗产、接受赠与的资格。

> 这样分配遗产是不对的，根据法律规定，胎儿也有继承遗产的资格。

案例： 江某和汤某结婚后商定先打拼，再要孩子。经过几年的拼搏，夫妻二人创业成功，名下有一家夫妻二人各占50%股份的公司，价值均等的两套房产，100万元存款。妻子汤某怀孕3个月，一家人对生活充满希望。然而，天有不测风云，江某外出洽谈生意时，发生交通事故，不幸身亡。妻子汤某与江某的父母处理完江某的后事后，江某的父母提出分割江某的遗产，将汤某和江某夫妻共有财产一分为二，汤某和江某的父母分得一套房子、50万元存款、公司50%股份。汤某提出了反对意见，不同意江某遗产分配方案，要求为腹中胎儿保留一定的财产份额。

本案例中，汤某的要求是有法律依据的。一家公司、两套房产、100万元存款是江某和汤某的夫妻共同财产，首先将上述夫妻共有财产进行平均分割，即妻子汤某分得一套房子、50万元存款、公司50%股份，另外的一套房子、50万元存款、公司50%股份是江某的遗产，然后江某的遗产由汤某、江某的父母进行继承，但必须为汤某腹中胎儿保留继承份额，即江某遗产的四分之一份额。《中华人民共和国民法典》（以下简称《民法典》）在总则编"自然人"章节中，将一个人受保护的起始点前移到了胎儿时期。虽然胎儿还没有出生，还不具有民事权利能力，但是为保护胎儿利益，胎儿在继承遗产、接受赠与时视为具有民事权利能力，故胎儿有继承遗产、接受赠与的资格。

法条链接：

《民法典》第十六条：涉及遗产继承、接受赠与等胎儿利益保护的，胎儿视为具有民事权利能力。但是，胎儿娩出时为死体的，其民事权利能力自始不存在。

第一千一百五十五条：遗产分割时，应当保留胎儿的继承份额。胎儿娩出时是死体的，保留的份额按照法定继承办理。

2. 多大的孩子能在法律上被认定为"小大人"呢？

答： 随着社会经济的发展、生活教育水平的提高，现在儿童的心智水平和发育状况远远高于以前同龄阶段的儿童。《民法典》第19条、第20条对自然人的民事行为能力进行了重新划分，8周岁以上的未成年人为限制民事行为能力人，可以独立实施纯获利益的民事法律行为或者与其年龄、智力相适应的民事法律行为，并且能对自己的一些行为做出独立判断，即此阶段的未成年人独立实施的以下行为有效：一是纯粹为自己带来利益的行为；二是在相应的民事行为能力范围内的行为。《民法典》对未成年人民事行为能力认定的年龄下限的下调，有利于尊重这一阶段未成年人的自主意识，保护其合法权益。

案例： 小明已经年满9周岁，是未来小学三年级学生，活泼爱动，喜欢购买小物品、打游戏、看直播。有一次，他从学校附近的红星超市买文具、字典等物品，消费金额大约300元；还有一次，他趁父母不注意，偷偷用妈妈的手机支付了5000元，用于打赏主播。随后，被其父母发现，其父母与红星超市和直播平台进行交涉，认为小明是未成年人，其实施的行为不具有法律效力，要求红星超市和直播平台返还购物款和打赏主播的钱。

本案例中，小明父母的要求是否有合法依据，怎样判断，应当将两件事分开来分析。其一，要求红星超市返还300元的要求无合法依据。小明在红星超市购买300元物品的行为是与其智力、年龄相适应的民事行为，合法有效，小明的父母无权要求红星超市返还300元。其二，要求直播平台返还打赏主播的5000元的要求具有合法依据。小明给平台主播打赏5000元的行为已经超出了纯粹为自己带来利益的行为、在相应的民事行为能力范围内的行为两类行为，该打赏主播行为的法律效力待定，需要其法定代理人来审视判断是否需要追认该行为有效。现在小明的父母对此行为的效力不予追认，因此，小明打赏主播的行为无效，小明的父母有权要求直播平台返还小明打赏主播的5000元。

法条链接：

《民法典》第十九条：八周岁以上的未成年人为限制民事行为能力人，实施民事法律行为由其法定代理人代理或者经其法定代理人同意、追认；但是，可以独立实施纯获利益的民事法律行为或者与其年龄、智力相适应的民事法律行为。

第二十条：不满八周岁的未成年人为无民事行为能力人，由其法定代理人代理实施民事法律行为。

3. 当事人各方相互推诿或者争当监护人的，应当如何处理？

答： 当事人对监护人的确定有争议的，按照下列方式处理：第一种方式，由被监护人住所地的居民委员会、村民委员会或者民政部门指定监护人，有关当事人对指定不服的，可以向人民法院申请指定监护人；第二种方式，有关当事人也可以直接向人民法院申请指定监护人。在指定监护人之前，被监护人的人身权利、财产权利以及其他合法权益处于无人保护状态的，由被监护人住所地的居民委员会、村民委员会、法律规定的有关组织或者民政部门担任临时监护人。

居民委员会、村民委员会、民政部门或者人民法院指定监护人应当遵循的原则：一是应当尊重被监护人的真实意愿，二是按照最有利于被监护人的原则在依法具有监护资格的人中指定监护人。监护人被指定后，不得擅自变更；擅自变更的，不免除被指定的监护人的责任。

> 既然我们争执不下，我们直接向人民法院申请指定小军的监护人吧。

案例： 小军已年满9周岁，其父母因车祸不幸双双去世，爷爷奶奶、姥姥姥爷都想抚养小军，双方围绕着小军的监护权展开了激烈的争夺，相持不下。

本案例中，如何确定小军的监护人呢？有两种方式可以选择：第一种方式，由被监护人小明住所地的居民委员会、村民委员会或者民政部门指定爷爷奶奶或姥姥姥爷担任监护人，若爷爷奶奶、姥姥姥爷等有关当事人对指定不服的，可以向人民法院申请指定监护人；第二种方式，爷爷奶奶、姥姥姥爷等有关当事人可以直接向人民法院申请指定监护人。在指定监护人之前，被监护人小明的人身权利、财产权利以及其他合法权益处于无人保护状态的，由被监护人小明住所地的居民委员会、村民委员会、法律规定的有关组织或者民政部门担任临时监护人。

法条链接：

《民法典》第三十一条：对监护人的确定有争议的，由被监护人住所地的居民委员会、村民委员会或者民政部门指定监护人，有关当事人对指定不服的，可以向人民法院申请指定监护人；有关当事人也可以直接向人民法院申请指定监护人。

居民委员会、村民委员会、民政部门或者人民法院应当尊重被监护人的真实意愿，按照最有利于被监护人的原则在依法具有监护资格的人中指定监护人。

依据本条第一款规定指定监护人前，被监护人的人身权利、财产权利以及其他合法权益处于无人保护状态的，由被监护人住所地的居民委员会、村民委员会、法律规定的有关组织或者民政部门担任临时监护人。

监护人被指定后，不得擅自变更；擅自变更的，不免除被指定的监护人的责任。

4. 什么情形下，申请人可以向人民法院申请撤销监护人资格？

答：《民法典》第36条规定，监护人有下列情形之一的，人民法院根据有关个人或者组织的申请，撤销其监护人资格：（1）实施严重损害被监护人身心健康的行为；（2）怠于履行监护职责，或者无法履行监护职责且拒绝将监护职责部分或者全部委托给他人，导致被监护人处于危困状态；（3）实施严重侵害被监护人合法权益的其他行为。此外，根据《最高人民法院、最高人民检察院、公安部、民政部关于依法处理监护人侵害未成年人权益行为若干问题的意见》第35条的规定，被申请人有下列情形之一的，人民法院可以判决撤销其监护人资格：（1）性侵害、出卖、遗弃、虐待、暴力伤害未成年人，严重损害未成年人身心健康的；（2）将未成年人置于无人监管和照看的状态，导致未成年人面临死亡或者严重伤害危险，经教育不改的；（3）拒不履行监护职责长达六个月以上，导致未成年人流离失所或者生活无着的；（4）有吸毒、赌博、长期酗酒等恶习无法正确履行监护职责或者因服刑等原因无法履行监护职责，且拒绝将监护职责部分或者全部委托给他人，致使未成年人处于困境或者危险状态的；（5）胁迫、诱骗、利用未成年人乞讨，经公安机关和未成年人救助保护机构等部门三次以上批评教育拒不改正，严重影响未成年人正常生活和学习的；（6）教唆、利用未成年人实施违法犯罪行为，情节恶劣的；（7）有其他严重侵害未成年人合法权益行为的。因此，存在上述情形的，人民法院根据申请，可以判决撤销监护人资格。

案例：邵某某和王某某于2004年生育一女，取名为邵某。在邵某未满两周岁时，两人因家庭琐事发生矛盾，邵某某独自带女儿回到原籍江苏省徐州市铜山区大许镇生活。在之后的生活中，邵某某长期殴打、虐待女儿邵某，致其头部、脸部、四肢等多处严重创伤。2014年10月，邵某某又因强奸、猥亵女儿邵某被法院判处有期徒刑11年，剥夺政治权利1年。王某某自2006年后从未看望过邵某，亦未支付抚养费用。邵某某被采取刑事强制措施后，王某某及家人仍对女儿邵某不闻不问，致其流离失所、生活无着。邵某因饥饿离家，被好心人士张某某收留。邵某某的父母早年去世，无兄弟姐妹。王某某肢体三级残疾，其父母、弟、妹均明确表示不愿意抚养邵某。2015年1月，铜山区民政局收到铜山区人民检察院的检察建议，于1月7日作为申请人向铜山区人民法院提起特别程序，请求撤销邵某某和王某某的监护人资格。

本案例中，邵某的母亲王某某遗弃邵某，致其流离失所、生活无着；邵某的父亲邵某某长期殴打、虐待邵某，实施了严重损害被监护人身心健康的行为，区民政局请求撤销邵某某和王某某的监护人资格，完全符合法律规定。

法条链接：

《民法典》第三十六条：监护人有下列情形之一的，人民法院根据有关个人或者组织的申请，撤销其监护人资格，安排必要的临时监护措施，并按照最有利于被监护人的原则依法指定监护人：

（一）实施严重损害被监护人身心健康的行为；

（二）怠于履行监护职责，或者无法履行监护职责且拒绝将监护职责部分或者全部委托给他人，导致被监护人处于危困状态；

（三）实施严重侵害被监护人合法权益的其他行为。

本条规定的有关个人、组织包括：其他依法具有监护资格的人，居民委员会、村民委员会、学校、医疗机构、妇女联合会、残疾人联合会、未成年人保护组织、依法设立的老年人组织、民政部门等。

前款规定的个人和民政部门以外的组织未及时向人民法院申请撤销监护人资格的，民政部门应当向人民法院申请。

5. "你不养我小，我就不养你老"，这种说法对吗？

答：这种说法不对。赡养父母是成年子女的法定义务，是为人之本。结合《民法典》的具体规定来看，一是赡养父母没有任何前提条件。子女赡养父母的义务并不以父母足额尽了对自己子女的抚养义务为前提，况且赡养父母没有什么借口和理由，只要存在父母子女关系，在父母"缺乏劳动能力或者生活困难"的时候，成年子女有能力就要赡养父母；成年子女不得以放弃继承、分家时财产分得少、结婚时家电买得少、自己收入低等任何理由或借口来拒绝赡养父母。由此可知，只要父母"缺乏劳动能力或者生活困难"，成年子女就要履行赡养义务。二是赡养父母是法定义务。只要存在父母子女关系，"缺乏劳动能力或者生活困难的父母"在"成年子女不履行赡养义务"时，就可以通过国家司法强制机关来保障"要求成年子女给付赡养费的权利"。所以说，赡养父母是法定义务，不存在讨价还价。只要存在父母子女关系，在父母"缺乏劳动能力或者生活困难"时，成年子女就要承担赡养义务，这里的父母包括亲生父母、非婚生父母、养父母、有扶养关系的继父母，子女包括婚生子女、非婚生子女、有扶养关系的继子女、养子女。有的父母尽管没有抚养非婚生子女，但在他们年老无助时，只要能证明和子女存在血缘关系，他们就能主张子女对他们履行赡养义务。

《民法典》规定，赡养父母没有任何前提条件。"你不养我小，我就不养你老"的说法是不对的！

案例：60多岁的何婆婆育有4个儿子，儿子们均已成家。2013年，其丈夫去世后，何婆婆的4个儿子协商并约定每人每年给其一定数量的粮物和现金，其中3个儿子都按约履行了义务，只有次子刘某某以自己幼时被送至亲戚家中抚养长大，父母没有抚养过他为由，拒绝履行义务。于是，何婆婆将次子刘某某诉至法院。法院经审理后查明：刘某某与其兄弟协商并约定每年给何婆婆一定数量的粮物和现金，不违反法律规定和何婆婆的意愿，合法有效，应按约定履行义务。法院支持了何婆婆的诉请，判决被告刘某某立即将粮物和现金交与何婆婆。

本案例中，何婆婆与丈夫无力抚养幼年时的刘某某，而将其送至亲戚家中抚养，但这不能成为次子刘某某拒绝履行赡养何婆婆的借口。虽然法律为父母子女之间规定了互相扶养的对等的义务，但这并不是说这两个义务是必须"等价交换"的，子女不能将父母是否对其履行了抚养教育义务作为自己是否履行赡养父母义务的前提。因此，子女对老年父母的赡养义务不得以父母没有对子女履行抚养义务为由而解除。羊有跪乳之恩，鸦有反哺之情！百善孝为先，孝敬父母是为人之本。赡养父母是责任，也是孝道，更是无法推卸的法定义务，是每个子女应该为父母做的事。

法条链接：

《民法典》第二十六条第二款：成年子女对父母负有赡养、扶助和保护的义务。

第一千零六十七条第二款：成年子女不履行赡养义务的，缺乏劳动能力或者生活困难的父母，有要求成年子女给付赡养费的权利。

6. 成年人可以协议确定监护人（意定监护）吗？设立意定监护需要注意把握哪些事项？

答：可以。为适应人口老龄化逐渐加剧、监护需求逐渐增大的情况，《民法典》结合实践并参考老年人权益保护的相关规定，借鉴境外法例，在第33条确立了意定监护制度。意定监护制度的正式确立，有利于成年人在具有完全民事行为能力时基于自己的意愿提前选好监护人，是我国监护制度立法中的重大突破。根据《民法典》等法律的规定，成年人在自己身体健全、意识清楚的情况下，提前以协议的形式将监护人确定下来，监护人在受托人丧失或者部分丧失行为能力时履行监护职责。监护人既可以是亲友，也可以是社会保障机构。这对于无法依靠子女监护的老人，多了一条合法的养老途径。

关于意定监护需要把握以下三点：一是意定监护一般情况下优先于法定监护。法定监护是根据法律的规定（《民法典》第27至32条）确定监护人，而意定监护是基于本人意愿选择确定监护人。民法坚持意思自治原则，基于意思自治下的约定一般应优先于法定。需注意的是，意定监护也不同于《民法典》第30条规定的协议确定监护，后者仍属于法定监护范畴，协议确定的监护人仍需具有法律规定的监护资格。二是意定监护协商确定监护人应具备"书面形式"这一特殊要件，即当事人在其具有完全民事行为能力时，需以书面的形式确定意定监护人对被监护人进行监护的意思表示。书面形式既可以是一般形式，如书面合同、授权委托书、信件、数据电文等，也可以是公证文书等特殊书面形式。此外，《民法典》第33条还规定了事先"协商"，但对如何协商并没有进行明确。笔者认为，"协商"体现在协议需要双方在上述书面形式的载体上共同签署。本人书写书面材料后交由意定的监护人且该监护人并未反对的，也可推定双方协商一致。三是意定监护还涉及"丧失或者部分丧失民事行为能力"的认定问题。丧失民事行为能力一般指不具有识别能力和判断能力；未完全丧失意思能力，能够进行适合其智能状况的民事行为，即为部分丧失民事行为能力。《民法典》第24条规定，不能辨认或者不能完全辨认自己行为的成年人，其利害关系人或者有关组织，可以向人民法院申请认定该成年人为无民事行为能力人或者限制民事行为能力人。

案例：老李是一名退休干部，70多岁，每月退休金8000元左右，有两套房子，一个儿子和一个女儿均在美国，并已经取得美国国籍。2020年老伴去世后，因两个儿女均不在身边，老李觉得异常孤单，打算让自己的侄子小李作为自己的监护人，在自己身体不健康时也好有个照应。老李把自己的想法跟小李进行了协商，小李表示同意。

本案例中，老李是一名成年人，并且其身体健全、意识清楚，具有完全民事行为能力，老李将自己的亲侄子小李作为监护人符合法律规定。但老李必须与小李签订一个书面的协议，即老李将自己的日常生活、医疗护理、财产管理等事务提前以协议的形式明确下来，监护人小李在受托人老李丧失或者部分丧失行为能力时履行监护职责。书面协议是法定的形式要件，口头协议是无效的。

法条链接：

《民法典》第三十三条：具有完全民事行为能力的成年人，可以与其近亲属、其他愿意担任监护人的个人或者组织事先协商，以书面形式确定自己的监护人，在自己丧失或者部分丧失民事行为能力时，由该监护人履行监护职责。

7. 村民委员会、居民委员会有法人资格吗？其从事民事活动有什么限制？

答：《民法典》第96条赋予了村民委员会、居民委员会独立法人资格。实践中，村民委员会、居民委员会职责定位都非常模糊，游离于机关事业单位、民间社会组织之外，没有独立法人资格，不能作为独立的民事主体签订合同、参加诉讼。为促进基层群众性自治组织的发展，充分发挥各民事主体在市场经济中的主体地位，《民法典》第96条对居民委员会、村民委员会等基层群众性自治组织进行了法人化改造，赋予这些基层组织独立法人资格；

第 101 条规定，居民委员会、村民委员会具有基层群众性自治组织法人资格，可以从事为履行职能所需要的民事活动。《民法典》施行后，居民委员会、村民委员会可以作为独立民事主体从事民事活动，可以独立签订合同，到银行开户；遇上纠纷，可以独立地起诉、应诉，打官司。

村民委员会、居民委员会享有独立法人资格，其法律意义在于可以作为独立民事主体参与民事活动，其主体地位得到法人制度的保护。但是，由于居民委员会、村民委员会特殊的"群众性自治组织"的定位，其法人的民事权利能力和民事行为能力要受到一定的限制，即"从事为履行职能所需要的民事活动"。

因此，居民委员会、村民委员会的民事权利能力和民事行为能力并不像自然人、营利法人那样，可以独立从事法无禁止的一切民事活动，而是要依据《中华人民共和国城市居民委员会组织法》《中华人民共和国村民委员会组织法》的职能定位，从事为履行其职能所需要的民事活动。居民委员会、村民委员会如果从事超越其职能定位的民事活动，应属于无效民事行为。

案例：福建省仙游县榜头镇梧店村村民林某某（女）多次使用菜刀割伤年仅 9 岁的亲生儿子小龙的后背、双臂，用火钳鞭打小龙的双腿，并经常让

小龙挨饿。自 2013 年 8 月始，当地镇政府、村委会干部及派出所民警多次对林某某进行批评教育，但林某某拒不悔改。2014 年 1 月，共青团莆田市委、市妇联等部门联合对林某某进行劝解教育，林某某书面保证不再殴打小龙，但其后林某某依然我行我素。同年 5 月 29 日凌晨，林某某再次用菜刀割伤小龙的后背、双臂。为此，仙游县公安局对林某某处以行政拘留 15 日并处罚款人民币 1000 元。6 月 13 日，申请人仙游县榜头镇梧店村民委员会以林某某长期对小龙的虐待行为已严重影响小龙的身心健康为由，向法院请求依法撤销林某某对小龙的监护人资格，指定梧店村民委员会作为小龙的监护人。在法院审理期间，法院征求小龙的意见，其表示不愿意随林某某共同生活。本案例中，仙游县榜头镇梧店村民委员会作为申请人向人民法院请求依法撤销林某某对小龙的监护人资格，是合法的、有效的。

法条链接：

《民法典》第九十六条：本节规定的机关法人、农村集体经济组织法人、城镇农村的合作经济组织法人、基层群众性自治组织法人，为特别法人。

第一百零一条：居民委员会、村民委员会具有基层群众性自治组织法人资格，可以从事为履行职能所需要的民事活动。

未设立村集体经济组织的，村民委员会可以依法代行村集体经济组织的职能。

8. 志愿者为敬老院打扫卫生是否构成无因管理？何为无因管理？其法定构成要件是什么？

答：志愿者为敬老院打扫卫生属于志愿服务，不构成无因管理。志愿服务是每个文明社会不可缺少的一部分，根据《志愿服务条例》的规定，志愿服务是指志愿者、志愿服务组织和其他组织自愿、无偿向社会或者他人提供的公益服务，开展志愿服务，应当遵循自愿、无偿、平等、诚信、合法的原则，不得违背社会公德、损害社会公共利益和他人合法权益，不得危害国家安全。因此，志愿者为敬老院打扫卫生既不属于合同约定的义务，也不属于法定的义务，是属于履行公益性质的义务。

无因管理是指没有法定的或约定的义务，为避免他人利益受损失，自愿管理他人事务或为他人提供服务的行为。管理他人事务的人，为管理人；事务被管理的人，为本人。无因管理构成要件：为他人管理事务；有为他人谋利益的意思；没有法定的或约定的义务。一是为他人管理事务。管理他人事务，就是为他人进行管理或者服务。无因管理之事务，可以是有关财产的事项，也可以是非财产的事项，但应当是适宜成为债的客体的事务。下列事项不能成为无因管理的对象：违法事项，如代为清偿赌债；不能发生债的关系的纯伦理的事项，如代友接待客人；依照法律规定必须由本人亲自办理或经本人授权才能办理的事项，如结婚登记等。管理的事务必须是他人的事务。如将自己的事务误认为他人的事务而管理，即使目的是为他人避免损失，也不能构成无因管理。二是有为他人谋利益的意思。为他人谋利益的意思，简称管理意思，是构成无因管理的主观要件。为他人谋利益的意思，其典型形态是专为本人谋利益的意思。但也允许管理人在有为本人谋利益的意思的同时，为自己的利益实施管理或服务行为。这里的利益，既包括无因管理行为使本人取得某种权益而直接受益，也包括本人得以避免或减少损失而间接受益。此处为他人谋利益，应根据一般社会常识判断。如果按照一般情况认为属于谋利益之行为，而实际结果并未使得本人获得利益，仍构成无因管理，本人仍得支付管理人为管理事务所支出的费用。三是没有法定的或约定的义务。无因管理中所谓"无因"，就是指"没有法定的或约定的义务"。没有法定的或约定的义务是无因管理成立的重要条件。衡量管理人有无法定的或约定的义务，应以客观标准确定，不以管理人的主观认识为标准。如果负有义务而管理人认为没有义务，其管理事务不能构成无因管理；如果本无义务而管理人误认为有义务，其管理事务照样构成无因管理。

案例： 甲、乙两人的房屋相邻，乙的房屋着火，为防止乙家的火蔓延到甲家，甲去乙家扑灭大火。在本案例中，甲去乙家扑火是为乙（他人）管理事务，甲与乙也没有法定的或约定的义务，这是无因管理成立的重要条件，而且甲去乙家扑灭大火的行为属于为了乙的利益，为他人谋利益的意思是构成无因管理的主观要件。因此，甲的行为虽然是为了防止火蔓延到甲家，但是也使乙的利益免受损失，甲去乙家扑火的行为仍属无因管理。

法条链接：

《民法典》第一百二十一条：没有法定的或者约定的义务，为避免他人利益受损失而进行管理的人，有权请求受益人偿还由此支出的必要费用。

9. "Q币""网游装备"等网络虚拟财产是私人财产吗？受法律保护吗？

答： "Q币""网游装备"等网络虚拟财产，为民法意义上的私人财产，受法律保护。网络虚拟财产是指一切存在于特定网络虚拟空间内的，具备现实交易价值或不具备交易价值，由持有人随时调用的专属性数据资料。从目前的技术发展情况来看，虚拟财产的范围正在逐渐扩大，越来越多的网络应用功能包含了虚拟财产，例如，玩游戏时必须注册的 ID 号码、虚拟货币、虚拟装备等。虚拟世界中的部分网络应用功能，一般需要网民付出真实货币才能实现对应的功能。

案例： 2006 年 8 月至 2007 年 1 月，被告人陈某在家中租用电信宽带账号，购置 8 台电脑，先后组织雇佣多人，以向他人租用木马信箱的方式，非法获取广州某娱乐有限公司一款网络游戏的玩家账号和密码，通过网易通行证密码修改软件修改了部分玩家的账号密码，并通过非法登录该款网络游戏的玩家账号，窃取账号中的游戏装备、游戏币等物品。后陈某使用淘宝网账号"全区梦币任你挑""全区梦币任你用"及腾讯QQ联系买家，将游戏币转卖为人民币，通过支付宝及网上银行进行支付交易。陈某共非法获取了26.5万余个玩家的账号及密码，非法登录并盗取1.7万余个玩家的账号，非法获利共计31万余元。浙江省云和县人民检察院以被告人陈某犯盗窃罪，向浙江省云和县人民法院提起公诉。被告人陈某对公诉机关的指控事实不持异议，其辩护人的主要辩护意见是，涉案的网络游戏装备、游戏币等物品不具有财产属性，不能成为盗窃罪的对象；被告人的行为不属于刑法调整范围。浙江省云和县人民法院经审理认为，依照法律规定，盗窃罪的犯罪对象是"公私财物"，我国的相关法律均未明确地将网络游戏装备、游戏币等物品纳入刑法保护的财产之列。故公诉机关指控被告人陈某犯盗窃罪，指控罪名所涉犯罪对象与法律规定不符，不予支持；辩护人所提网络游戏装备、游戏币等物品不具有财产属性的意见有一定道理，法院对其合理部分予以采纳。被告人以牟利为目的，非法获取网络游戏玩家账号密码，修改了大量玩家的账号密码和游戏数据，导致大量游戏玩家储存在游戏系统中的游戏数据被修改和删除，损害了游戏玩家的利益，严重破坏了网络游戏系统的安全运行，给游戏运营商广州某娱乐有限公司的经营造成严重影响，后果严重，其行为已构成破坏计算机信息系统罪，依法应予惩处。据此，依照《中华人民共和国刑法》第286条第2款、第64条之规定，于2007年9月4日判决：被告人陈某犯破坏计算机信息系统罪，判处有期徒刑4年；同时判决追缴被告人的违法所得。在本案的审理过程中，针对如何认定被告人盗卖他人网络游戏装备、货币等物品的行为性质，有以下几种观点的对立：第一种观点认为，成立盗窃罪；第二种观点认为，成立破坏计算机信息系统罪；第三种观点认为，不构成犯罪。之所以如此不统一，一是因为没有相关法律、司法解释，二是因为对虚拟财产的理解不同。《民法典》颁布实施后，"Q币""网游装备"等网络虚拟财产为民法意义上的私人财产，本案被告人陈某的犯罪行为构成盗窃罪，就不会存在任何争议了。

法条链接：

《民法典》第一百二十七条：法律对数据、网络虚拟财产的保护有规定的，依照其规定。

10. 见义勇为受到伤害谁担责？

答：见义勇为行为是在没有约定、法定义务的情况下，为了使国家利益、社会公共利益或者他人的合法权益不受或免受侵害，而实施的制止侵害、防止损失的行为。因保护他人民事权益使自己受到损害的，由侵权人承担民事责任，受益人可以给予适当补偿。没有侵权人、侵权人逃逸或者无力承担民事责任，受害人请求补偿的，受益人应当给予适当补偿。民法上的见义勇为构成要件：一是因保护他人民事权益而使自己受到损害。二是由侵权人承担责任，受益人可以给予适当补偿。三是受益人给予适当补偿的情形：一种是侵权人逃逸或者无力承担民事责任的情形；另一种是没有侵权人的情形，例如，行为人对溺水儿童实施救助的行为是没有法定或约定义务的见义勇为行为，行为人因救落水儿童而死亡，其近亲属要求补偿的，受益人应当给予适当补偿。

案例：李某与郑某因排队顺序发生口角，进而发生打斗。排队的人群中有老人、孩子，周围的人纷纷躲避，此时正在排队的王某见状就上前劝架，但李某与郑某互不相让，王某在李某与郑某的拳脚中一边躲闪，一边劝架。在王某的劝说下，李某停止打斗，并往后退，但郑某不依不饶，仍追打李某，李某不再出手。突然，郑某从口袋中掏出一把水果刀向李某刺去，王某赶忙提醒李某，同时用手去挡郑某手中的刀，刀没有刺中李某，但把王某的手掌

刺穿了，鲜血直流。这时，商场的保安和周围群众联合起来把郑某制服，并扭送至派出所，王某被送去医院诊治。经鉴定，王某的手部功能受到损害，已经构成三级伤残。王某的劝架行为是属于见义勇为行为。劝架人王某受到损害可以请求侵权人郑某赔偿或者受益人李某补偿。

在日常生活中，为保护他人民事权益而使自己受到损害的情况为数不少。现实中因救人反被告的事件多次发生，"扶不扶""救不救"一度困扰公众。为了弘扬社会主义核心价值观，鼓励支持舍己为人的高尚行为，不让见义勇为者流血又流泪，《民法典》明确了侵权人和受益人各自的责任，同时也明确了见义勇为者依法不承担民事责任。这样既免除了见义勇为者的后顾之忧，又有利于倡导培育见义勇为、乐于助人的良好社会风尚。

法条链接：

《民法典》第一百八十三条：因保护他人民事权益使自己受到损害的，由侵权人承担民事责任，受益人可以给予适当补偿。没有侵权人、侵权人逃逸或者无力承担民事责任，受害人请求补偿的，受益人应当给予适当补偿。

11. 因自愿实施紧急救助行为造成受助人损害的，应承担民事责任吗？

答：因自愿实施紧急救助行为造成受助人损害的，救助人不承担民事责任。

案例：梁某经过某大桥时，发现有人跳河自杀，遂下水救助。在救人过程中，跳河者用力挣脱，梁某将其紧紧抱住并救上岸。上岸后，梁某发现跳河者胳膊骨折了，回想可能是施救过程中造成的，担心跳河者会向其索赔。如果跳河者向梁某索赔，梁某应当赔偿吗？梁某以及其他像梁某一样的见义勇为者大可放心，本案中，梁某不仅不需要承担任何民事赔偿责任，社会还会对其见义勇为行为给予表彰和大力宣传。

法条链接：

《民法典》第一百八十四条：因自愿实施紧急救助行为造成受助人损害的，救助人不承担民事责任。

12. 普通诉讼时效期间由两年调整为三年，有利于保护债权人的利益吗？

答：《民法典》将诉讼时效期间从 2 年调整为 3 年，延长诉讼时效，更有利于保护债权人的利益。《民法典》延长诉讼时效，提醒权利人要及时行使权利。

案例：乙某于 2017 年 1 月借给甲某 10 万元，借款合同约定借款期限为 5 年，即 2022 年 1 月甲某应将借款偿还给乙某。本案例中，若甲某在借款合同约定的 5 年期限内没有偿还乙某的借款，乙某可向人民法院起诉，请求人民法院判决甲某偿还自己的借款，乙某的诉讼根据《民法典》的规定，若没有诉讼时效中止、中断以及延长的情况，自 2022 年 1 月至 2025 年 1 月都合法有效。

法条链接：

《民法典》第一百八十八条第一款：向人民法院请求保护民事权利的诉讼时效期间为三年。法律另有其规定的，依照其规定。

13. 未成年人遭受性侵害的损害赔偿请求权的诉讼时效起算点是怎样规定的？

答：《民法典》从保护未成年人的角度出发，将行使该项权利的诉讼时效起算点规定为受害人年满 18 周岁之日，从而有利于遭受性侵害的未成年人在其成年后通过法律途径主张自己的权利。

案例：梁某 13 岁时遭到性侵，年纪尚小的梁某虽然受到了伤害，却羞于告诉家长，也没有想到什么办法去寻求救助，只能默默地承受这份痛苦。梁某后来学了更多的法律知识，20 岁时想起诉索赔，诉讼时效过了吗？

本案例中，未成年人遭受性侵害的诉讼时效，自受害人满 18 周岁起算。

因此，梁某在 20 岁的时候提起损害赔偿请求权的诉讼未过诉讼时效。未成年人遭受性侵害后，因其处于未成年阶段，不能及时行使或者不能独立判断是否要通过法律途径主张损害赔偿请求权。因此，将行使该项权利的诉讼时效起算点规定为受害人年满 18 周岁之日，有利于未成年人在其成年后通过法律途径维护自身的合法权益。

法条链接：

《民法典》第一百九十一条：未成年人遭受性侵害的损害赔偿请求权的诉讼时效期间，自受害人年满十八周岁之日起计算。

第 二 讲
物　　权

14. 不动产登记簿与不动产权属证书有何区别？若两者不一致，如何确定物权的归属呢？

答： 不动产登记簿是指用于记载不动产现状以及与该不动产相关的权利关系的簿册。不动产登记簿实质上是国家建立的档案簿册，具有公开性。不动产登记簿由登记机构管理。不动产权属证书是指在不动产登记机构对不动产情况进行审查、登记后，颁发给不动产权利人用于证明其享有不动产权利的证书。不动产权属证书可以作为某人享有不动产物权的证据，当事人间发生权属争议时，一般情形下可以依据不动产权属证书来解决纷争，确认权利。

一般情况下，不动产登记权属证书反映的权利状况与不动产登记簿记载的内容是一致的，但在它们不一致的情况下，应当依据什么情况来确认物权的归属呢？《民法典》第217条规定，不动产权属证书记载的事项，应当与不动产登记簿一致；记载不一致的，除有证据证明不动产登记簿确有错误外，以不动产登记簿为准。以上可以证明不动产登记簿的证明力强于不动产权属证书。

案例：赵某与马某某系夫妻，婚生一女赵某某。赵某某结婚后，从丁某处购买了一套房屋，并过户到自己名下，但该套房屋由赵某与马某某居住，并由赵某支付水电费、燃气费等。马某某去世后，赵某再婚，遂赵某与赵某某双方就该套房屋所有权发生了争议：赵某称其与马某某借赵某某名义购房，其与马某某为实际购房人。赵某起诉到法院，提出确认诉争房屋为其所有的诉讼请求。

本案例中，房屋所有权证书上登记的权利人为赵某某，赵某称其与马某某借赵某某名义购房，其与马某某为实际购房人，但没有提交证据以证明双方达成借名买房的合意，故赵某关于借名买房的主张依据不足，法院也没有采信。人民法院经审理后判决，驳回赵某依法确认诉争房屋为其所有的诉讼请求。

法条链接：

《民法典》第二百一十七条：不动产权属证书是权利人享有该不动产物权的证明。不动产权属证书记载的事项，应当与不动产登记簿一致；记载不一致的，除有证据证明不动产登记簿确有错误外，以不动产登记簿为准。

第二百一十八条：权利人、利害关系人可以申请查询、复制不动产登记资料，登记机构应当提供。

15. 房屋交易未经登记，所有权是否转移？

答： 房屋交易未经登记，即使买方支付了所有的房款，房屋的所有权也不发生转移。《民法典》第209条规定，不动产物权的设立、变更、转让和消灭，经依法登记，发生效力；未经登记，不发生效力，但是法律另有规定的除外。该规定确立了不动产物权登记生效的原则，即"自记载于不动产登记簿时发生效力"。也就是说，房屋买卖双方只有完成了不动产物权登记，自登

记机构将不动产物权有关事项记载于不动产登记簿时宣告完成交易，房屋所
有权才转移给买方所有。

你的主张不成立。《民法典》规定，未
办理物权登记，是不影响合同效力的。

案例： 甲与乙签订房屋买卖合同，甲将房屋全部价款支付给乙，乙收到
房款后将房屋交付给甲占有并使用，但由于开发商的关系，房产证一直未办
下来，因此，该房屋未办理不动产物权登记。后来，房地产市场火爆，房屋
价格一路飙升，乙后悔房子卖早了，后经咨询得知房屋的所有权未发生转移。
乙诉至法院，主张把房款返还甲，甲返还房屋，乙的主张能否成立？

本案例中，按照《民法典》第215条的规定，当事人之间订立有关设立、
变更、转让和消灭不动产物权的合同，除法律另有规定或者当事人另有约定
外，自合同成立时生效；未办理物权登记的，不影响合同效力。因此，甲乙
交易的房屋所有权虽未发生转移，但不影响甲乙房屋买卖合同合法有效，乙
的主张不成立。

法条链接：

《民法典》第二百零九条：不动产物权的设立、变更、转让和消灭，经依
法登记，发生效力；未经登记，不发生效力，但是法律另有规定的除外。

依法属于国家所有的自然资源，所有权可以不登记。

第二百一十五条：当事人之间订立有关设立、变更、转让和消灭不动产

物权的合同，除法律另有规定或者当事人另有约定外，自合同成立时生效；未办理物权登记的，不影响合同效力。

16. 预告登记的效力有哪些？

答： 预告登记的效力主要有以下方面：（1）保全权利的效力。即违背预告登记的处分行为无效，以保障请求权发生预期的物权效果。在进行预告登记后，本登记前所为的妨害预告登记请求权的处分行为即中间处分行为，应为效力待定的行为。（2）破产保护效力。即在作为不动产物权的义务人陷入破产时，经预告登记的请求权所指向的标的不动产不列入强制执行、设置抵押或破产管理，从而使该请求权具有对抗其他债权人、优先破产债权的效力。（3）预警的效力。预告登记通过登记的形式将不动产的债权请求权向公众公开，使公众了解该请求权具有排他的效力，以此来消除交易中的风险。第三人应通过预告登记认识到预告登记权利人日后为本登记的可能性，从而不为妨害预告登记所保全的权利之行为，不得无视预告登记的存在，也不得以不知预告登记为由进行抗辩。

案例： 开发商甲将位于某区某路花园小区 3 号楼 3 单元 501 室的一处房屋卖给购房者乙，双方签订房屋买卖合同，乙按照约定向登记机构申请预告登记。后因该地段的房屋价格一路上涨，供不应求，开发商甲又将该套房子卖给丙。根据《民法典》第 221 条的规定，预告登记后，未经预告登记的权利人同意，处分该不动产的，不发生物权效力，即购房者可以就尚未建成的住房进行预告登记，未经预告登记的权利人同意处分该不动产的，不发生物权效力。这意味着只要买房时做了预告登记，开发商私自把已出售的住房再次出售或者进行抵押的行为，将被认定为无效。

法条链接：

《民法典》第二百二十一条：当事人签订买卖房屋的协议或者签订其他不动产物权的协议，为保障将来实现物权，按照约定可以向登记机构申请预告登记。预告登记后，未经预告登记的权利人同意，处分该不动产的，不发生物权效力。

预告登记后，债权消灭或者自能够进行不动产登记之日起九十日内未申请登记的，预告登记失效。

17. 购买期房并预告登记后，开发商擅自将该期房卖给他人，该怎样维护权利？

答：预告登记是保护购房者的重要法律手段。根据《民法典》第221条的规定，当事人签订买卖房屋的协议或者签订其他不动产物权的协议，为保障将来实现物权，按照约定可以向登记机构申请预告登记。预告登记后，未经预告登记的权利人同意，处分该不动产的，不发生物权效力。也就是说，虽然在预告登记后、物权变动登记之前，买受人（购房者）尚未取得不动产的所有权，但在预告登记后，未经预告登记的权利人同意，出卖人（开发商）再将不动产卖给第三人，后一个买卖合同有效但不发生物权效力，即第三人不能依赖买卖合同而取得所有权。因此，如果购买期房并预告登记后，开发商擅自将该期房卖给他人，购房者可根据预告登记主张房屋所有权，要求开发商履行合同。

案例：开发商甲将一套房屋分别卖给乙、丙二人，乙率先与开发商甲办理了预告登记手续，而不知情的丙为了早日住上房屋，及时缴纳了购房首付款，却没有与开发商甲及时办理房屋过户登记手续。本案例中，乙享有该房屋的所有权，丙只能对开发商追究违约责任，而不能享有该房屋的所有权。

法条链接：

同本书第 26 页。

18. 不动产登记需要收费吗？若收费，是否按照不动产的面积进行收费？

答：不动产登记需要收费。不动产登记费按件收取，也就是说，不论不动产的面积大小、价格高低，每件不动产登记的收费是一样的。根据国家发改委、财政部《关于不动产登记收费标准等有关问题的通知》，住宅类不动产登记收费标准为每件 80 元，非住宅类不动产登记收费标准为每件 550 元，同时规定了 16 种不动产登记实行收费减免优惠。

案例：甲有一套 380 平方米的豪宅别墅去不动产登记中心申请登记，乙有一套 78 平方米的房子去不动产中心申请登记，不动产登记中心对甲、乙收取的不动产登记费用都是按件收取，即甲的 380 平方米的豪宅别墅和乙的 78

平方米的房子进行不动产登记的费用是一样的。

法条链接：

《民法典》第二百二十三条：不动产登记费按件收取，不得按照不动产的面积、体积或者价款的比例收取。

19. 二手车未办理过户登记，又被车主卖给不知情的第三人并办理了过户登记，买主可以要求车主交付车辆吗？

答： 不可以。船舶、航空器和机动车等的物权交易必须进行登记才发生所有权转移。

案例： 甲和乙签订买卖二手车的合同，甲将一辆二手车卖给乙，乙在约定时间内支付了价款，甲将车辆交付给乙，但未办理过户登记。后甲又将该车卖给了丙，丙交付了价款，甲将该车辆过户给丙。那么，乙作为所有人，因未办理过户登记，不能对抗善意第三人丙。丙依法取得该车辆的所有权，丙可以要求乙返还该车辆，乙只能向甲请求损害赔偿。

法条链接：

《民法典》第二百二十五条：船舶、航空器和机动车等的物权的设立、变更、转让和消灭，未经登记，不得对抗善意第三人。

20. 因法院生效裁判导致房屋产权转移的，何时生效？

答： 对于法院生效裁判导致房屋产权转移的，房屋产权在法院裁判生效时就发生转移，而不是在登记后才发生转移。也就是说，一旦法院生效判决裁判某房屋何时归何人所有，则房屋的所有权就归何人所有，办理变更登记只是履行程序。

案例：甲、乙因房屋产权发生争议，起诉到法院。经法院审理查明，最后作出"争议房屋归甲所有"的判决，那么从判决生效的时候，甲就取得了该房屋的所有权。本案例中，甲还没有办理产权过户登记，不动产登记簿上乙仍然是"所有人"，但甲从判决生效时就已经得到了所有权。

法条链接：

《民法典》第二百二十九条：因人民法院、仲裁机构的法律文书或者人民政府的征收决定等，导致物权设立、变更、转让或者消灭的，自法律文书或者征收决定等生效时发生效力。

21. 自己合法建造一幢房屋，是不是要进行登记才能取得其所有权？

答：不是，经合法程序进行审批后，在房屋建造完成之时，房屋的建造人就取得了该房屋的所有权。即房屋不论登记与否，谁合法建造的房屋，其所有权就归谁所有。

案例：甲是刘家楼村村民，符合申请宅基地的法定条件。甲提出宅基地申请后，经合法程序审批，于2020年8月在已经审批的宅基地上建造了四间砖瓦房。本案例中，村民甲在房屋建造完成之时，就取得了该房屋的所有权，即甲所建房屋不论登记与否，该房屋的所有权都归甲所有。但是为了避免发生不必要的纷争，还是建议所有权人申请办理不动产登记，以明确其所有权。

法条链接：

《民法典》第二百三十一条：因合法建造、拆除房屋等事实行为设立或者消灭物权的，自事实行为成就时发生效力。

22. 将车辆借给别人使用后车辆被盗，车主该向谁要求赔偿？

答：借车给别人使用，车主享有所有权，而借车人只是享有使用权。借车人享有使用权的同时，还要承担合理使用、保管的义务。因此，若该车辆能被追回，车主可以要求借车人或者盗窃者返还车辆，并赔偿相应的损失。若该车辆不能追回或者已经毁损，车主可以要求借车人赔偿损失，借车人赔偿损失后，可以向盗窃者追偿；车主也可以直接要求盗窃者承担赔偿损失的责任。

案例：甲与乙是朋友，甲将车借给乙使用，乙将车停放于某市南湖公园南门的停车场，后车辆被盗。该车已向保险公司投了机动车商业保险。甲的车辆被盗，损失该由谁赔偿呢？本案例中，甲可以向保险公司索赔，保险公司可以向甲赔偿盗抢险保险金，并取得该车的一切权益；甲也可以要求乙赔偿；如果找到盗窃者，甲还可以直接要求盗窃者承担赔偿损失的责任。

法条链接：

《民法典》第二百三十八条：侵害物权，造成权利人损害的，权利人可以依法请求损害赔偿，也可以依法请求承担其他民事责任。

23. 什么是征用？什么情况下国家可以征用单位和个人的财产？

答：征用是国家依照法律规定的条件，将集体或者个人的不动产或者动产收归公用的措施。征用具有三个特征：一是公益性。公益性是行政征用的核心，即在国家遭遇公共危机、自然灾害等紧急情况下，由于抢险救灾、疫情防控等紧急需要，紧急动用一切人力、物力进行紧急救助。二是强制性。国家强制使用组织、个人的财产，不必得到所有权人的同意。三是补偿性。补偿性是行政征用的重要法律属性，公民、法人的合法财产神圣不可侵犯是法定原则，如果征用后毁损、灭失的，国家应当给予合理补偿。对于国家可以征用单位和个人的财产的情况，《民法典》第245条已有明确规定：因抢险救灾、疫情防控等紧急需要，依照法律规定的权限和程序可以征用组织、个人的不动产或者动产。在应对突发公共事件情况下的财产征用主要包括人力资源征用、财力征用、物资征用、医疗卫生征用、交通运输征用、人员防护征用、通讯与信息征用、现场救援与工程抢险装备保障征用等。

案例：新冠肺炎疫情发生后，大爱无疆，全国各地的医疗队伍驰援武汉。武汉市四季鑫宝来酒店因距离天佑医院仅有500米左右，自2020年1月27日开始，四季鑫宝来酒店决定为援汉医疗队提供住宿服务。此举给医疗队工作人员结束紧张工作后的休息、生活提供了极大的便利。一开始酒店是无偿提供援助，本以为一周能够结束战役，但后来发现武汉的疫情抗击是一场持久战。经酒店核算，每月房租、人员工资、餐食费用等成本费就高达340万元，酒店已经不堪重负，难以支撑下去。本案例中，四季鑫宝来酒店为抗击疫情，为援汉医疗队提供住宿服务的行为应当认定为武汉市政府的征用，武汉市政府应当对四季鑫宝来酒店进行补偿。

法条链接：

《民法典》第二百四十五条：因抢险救灾、疫情防控等紧急需要，依照法律规定的权限和程序可以征用组织、个人的不动产或者动产。被征用的不动产或者动产使用后，应当返还被征用人。组织、个人的不动产或者动产被征用或者征用后毁损、灭失的，应当给予补偿。

24. 村民委员会擅自将土地发包给本村集体以外的个人，有效吗？

答： 村民委员会擅自将土地发包给本村集体以外的个人，无效。《民法典》第261条规定，集体组织擅自将土地发包给本集体以外的个人，未经过本集体成员集体决定，应该无效。

> 农民集体的土地是不动产，未依照法定程序经过本集体成员集体决定，该承包土地合同无效。

案例： 李村村民委员会与王村村民王某签订土地承包合同，约定将李村的48亩集体所有土地发包给王村村民王某经营，发包期限为5年。李村村民得知后，认为未经过本集体成员集体决定，村民委员会与王村村民王某签订的承包土地合同无效，但王村村民王某认为李村村民委员会与其签订的承包土地合同是双方真实意思表示，要求继续履行合同。

本案例中，农民集体所有的土地是不动产，属于本集体成员集体所有。李村村民委员会将土地发包给本村集体以外的王村村民王某，未依照法定程序经过本集体成员集体决定，违反了法律及行政法规的禁止性规定，该承包土地合同显属无效。

法条链接：

《民法典》第二百六十一条：农民集体所有的不动产和动产，属于本集体成员集体所有。

下列事项应当依照法定程序经本集体成员决定：

（一）土地承包方案以及将土地发包给本集体以外的组织或者个人承包；

（二）个别土地承包经营权人之间承包地的调整；

（三）土地补偿费等费用的使用、分配办法；

（四）集体出资的企业的所有权变动等事项；

（五）法律规定的其他事项。

25. 农户成员去世，村集体能收回承包地吗？

答： 不能。我国家庭承包经营权是以户为单位的，而不是以人为单位。因此，即使户内某个成员死亡，只要作为承包方的户依然存在，该户下的其他人就应当为土地承包权人，无须继承即有权继续经营承包地至承包期期满。

案例： 村民钱某因病去世，其家庭成员有配偶刘某、女儿钱某丽。钱某生前以户为承包单位承包了村集体土地5亩，承包期30年。钱某去世后，该村民委员会以钱某去世、没有儿子为由，要收回承包地。该村民委员会的做法是违法的，《中华人民共和国农村土地承包法》第16条规定，家庭承包的承包方是本集体经济组织的农户。农户内家庭成员依法平等享有承包土地的各项权益。

法条链接：

《民法典》第二百六十一条：农民集体所有的不动产和动产，属于本集体成员集体所有。

下列事项应当依照法定程序经本集体成员决定：

（一）土地承包方案以及将土地发包给本集体以外的组织或者个人承包；

（二）个别土地承包经营权人之间承包地的调整；

（三）土地补偿费等费用的使用、分配办法；

（四）集体出资的企业的所有权变动等事项；

（五）法律规定的其他事项。

《中华人民共和国农村土地承包法》第十六条：家庭承包的承包方是本集体经济组织的农户。

农户内家庭成员依法平等享有承包土地的各项权益。

26. 村集体财产应该公开吗？村民可以查阅吗？

答：村集体财产应该公开，集体成员村民有权查阅、复制相关资料。村集体财产归集体成员所有，对于集体所有财产总量的变化、所有权变动情况、集体财产使用情况、集体财产分配情况等涉及集体成员利益的重大事项都应当依法依规向村民透明公开，村民有权查阅、复制相关资料。

村民委员会应该依照法律、行政法规以及章程、村规民约向本集体成员公布集体财产的状况。

案例：刘村是城中村，资源丰富，经过近几年的发展，村集体经济迅速壮大，村集体财产积累呈倍数递增，村民年底分红丰厚，但村集体总资产是多少一直未用适当形式进行公开，村民也不过问。随着普法宣传教育的深入，刘村村民得知作为村集体成员对集体财产享有知情权，便要求刘村村民委员会公开集体所有财产总量的变化、所有权变动情况、集体财产使用情况、集体财产分配情况。

本案例中，刘村村民的要求是合法的，刘村村民委员会应当依照法律、行政法规以及章程、村规民约向本集体成员公布集体财产的状况。

法条链接：

《民法典》第二百六十四条：农村集体经济组织或者村民委员会、村民小组应当依照法律、行政法规以及章程、村规民约向本集体成员公布集体财产的状况。集体成员有权查阅、复制相关资料。

27. 开发商擅自将小区绿地改为停车场，是否合法？

答： 不合法。封闭的小区内道路、绿地、公共场所、公用设施、物业服务用房等均属于小区业主所有。开发商违法规划、擅自将小区绿地改为停车场的行为侵犯了小区业主的权利，是侵权行为。小区业主有权要求开发商停止侵害，恢复绿地原状。

案例： 徐某系济南市市中区某小区的业主，小区内规划了大片的绿地，这也是小区的一大亮点。随着入住的业主越来越多，小区停车难问题逐渐凸显。为解决业主停车难问题，小区的开发商将小区的部分绿化改造成停车位，低价提供给业主使用，该小区80%的业主对此表示反对。徐某认为开发商破坏绿化的行为违反法律规定，侵害了业主的权益，故向法院提起诉讼，请求依法判令开发商恢复小区的公共绿化原貌。法院经审理认为：开发商擅自将小区绿地改为停车场是违法的，但徐某作为小区的业主之一，在不能证明其诉求意愿代表多数业主意志的情况下，以个人名义提起诉讼不符合法律规定的业主行使法律权利的标准界限，其作为案件原告的诉讼主体不适格，不符合民事诉讼起诉的条件，遂依法裁定驳回徐某的起诉。

本案中，徐某以个人名义提起诉讼不符合法律规定的业主行使法律权利的标准界限，其作为案件原告的诉讼主体不适格，应该由小区的业主委员会依法提起诉讼。未成立业主委员会的，应在征得大多数业主同意的情况下提起诉讼。

法条链接：

《民法典》第二百七十四条：建筑区划内的道路，属于业主共有，但是属于城镇公共道路的除外。建筑区划内的绿地，属于业主共有，但是属于城镇公共绿地或者明示属于个人的除外。建筑区划内的其他公共场所、公用设施和物业服务用房，属于业主共有。

28. 小区电梯、楼房外墙的广告收入归谁所有？

答：小区电梯、楼房外墙的广告收入在扣除合理成本之后，归全体业主所有。业主对建筑物专有部分以外的共有部分享有权利，承担义务，建设单位、物业服务企业或者其他管理人等利用业主的共有部分产生的收入，在扣除合理成本之后，属于业主共有。

案例：赣州某物业公司在某小区南北区楼道、大堂、电梯内等公共区域刊登了大量广告，广告主先后支付给物业公司30余万元。小区业主委员会认为，物业公司在未经业主同意的情况下，擅自利用共用部位、共用设施设备经营广告，收取广告费并私自占有、使用。物业公司则辩称，小区的物业费为每平方米1元，物业公司在成本逐年增加的情况下，一直亏损运营。这笔广告收入已用来补充物业费收入严重不足的部分。最终法院依法判决30万元广告费归全体业主共有。

本案例中，物业公司擅自利用物业共用部位、共用设施设备进行经营，所得收益应归全体业主共有。未经全体业主或者业主委员会同意，物业公司无权使用该收益。也就是说，物业公司在小区任何公共区域从事投放广告等经营活动，业主都有权利讨要其经营所得，或者有权拒绝物业从事此类活动。

法条链接：

《民法典》第二百八十二条：建设单位、物业服务企业或者其他管理人等利用业主的共有部分产生的收入，在扣除合理成本之后，属于业主共有。

29. 小区内车库、车位归谁所有？如何使用？

答：《民法典》第275条区分不同情况对车位、车库的归属作出规定：一是建筑区划内，规划用于停放汽车的车位、车库的归属，由当事人通过出售、附赠或者出租等方式约定。即开发商在开发项目前，经政府核发的建设工程规划许可证批准同意，规划用于停放汽车的车位、车库；开发商在开发项目后，通过出售、附赠或者出租等方式，与当事人约定车位、车库的归属和使用。二是占用业主共有的道路或者其他场地用于停放汽车的车位，属于业主共有。规划外的占用业主共有的道路或者其他场地用于停放汽车的车位，由于属于规划外，且是占用业主共有的道路或者其他场地建设的，属于业主共有。

案例：某房地产开发公司将某花园环保停车场内的22号停车位出租给杜某。某花园业主委员会提起诉讼，要求某房地产公司腾退车位。某房地产公司辩称，车位经过规划，且在与业主签署的《商住楼买卖合同》中也已约定"内院物业产权属甲方（某房地产公司）所有，乙方（购房人）无权干预甲方物业产权变动"，故车位属某房地产公司所有，其有权处分。经法院查明，某花园环保停车场是经过规划且通过政府职能部门审批的用地，环保停车场及车位未独立办理土地使用证。某市规划局向法院函复该环保停车场面积100%计入绿地面积，某省住房和城市建设厅复函对某市规划局的答复予以确认。本案历经一审、二审，最后经省高院提审，终审判决某房地产公司腾退车位给某花园业主委员会。本案例中，环保停车场内的22号停车位未独立办理土地使用证，属于业主共有。

法条链接：

《民法典》第二百七十五条：建筑区划内，规划用于停放汽车的车位、车库的归属，由当事人通过出售、附赠或者出租等方式约定。

占用业主共有的道路或者其他场地用于停放汽车的车位，属于业主共有。

第二百七十六条：建筑区划内，规划用于停放汽车的车位、车库应当首先满足业主的需要。

30. 业主可以改变住宅用途，将住宅改变为经营性用房吗？

答：业主可以改变住宅用途，将住宅改变为经营性用房，但必须满足以下两个条件：一是不得违反法律、法规以及管理规约；二是经有利害关系的业主一致同意。以上两个条件必须同时具备，缺一不可。

你将住宅改为经营性用房，需要经有利害关系的业主一致同意才可以。

案例：蔡甸区某住宅小区一楼的业主李某为了让自己的房子"升值"，将住宅改建装修，改作商用，开办了一家餐饮店。因为该餐饮店经营产生的油烟和噪音恶化了相邻住户的居住环境，干扰了小区居民的正常生活起居，并且各色人等出入小区引起了小区其他居民在安全方面的担忧，该餐饮店很快遭到小区其他业主的抗议。物业管理公司进行调解时，李某认为自己改造自家房子，与他人无关，拒绝进行调解。于是，该小区业主联名向蔡甸区政府及房产局、工商局、环保局等相关职能部门投诉。

本案例中，根据《民法典》第 297 条的规定，业主李某擅自将住宅改为经营性用房，首先侵犯了有利害关系的业主的民事权利，其次违反了房屋建筑使用行为规范。对于前者，按照现有法律制度规定，由业主通过民事途径解决；对于后者，由相关主管部门依法处理。

法条链接：

《民法典》第二百七十九条：业主不得违反法律、法规以及管理规约，将住宅改变为经营性用房。业主将住宅改变为经营性用房的，除遵守法律、法规以及管理规约外，应当经有利害关系的业主一致同意。

31. 业主私自在公用楼道内加建，影响邻居楼道采光并存在安全方面的隐患，邻居该怎么办？

答：邻居可以通过以下途径进行维权：（1）向其交涉，要求其停止侵权、排除妨碍；（2）向有关行政主管部门报告或者投诉，请行政主管部门依法处理；（3）通过该小区业主大会或者业主委员会，请求行为人停止侵害、排除妨碍、消除危险、恢复原状、赔偿损失。（4）依据《中华人民共和国民事诉讼法》等法律的规定，向人民法院提起诉讼。

案例：严某系北京市石景山区某小区 306 号房屋的所有权人。万某系该小区 307 号房屋的所有权人，齐某某系该房屋的居住使用人，万某系齐某某的儿媳。严某与万某、齐某某系邻居关系。严某的厨房窗户面向楼道，正对楼道窗户，与万某房门斜对，厨房窗户、楼道窗户和万某房门之间形成公共楼道区域。齐某某私自用铁围栏将公共楼道区域围挡起来，并安装防盗门，进行自用，严重影响严某楼道采光并存在安全方面的隐患，对严某使用厨房窗户和楼道窗户以及正常居住生活造成不便。此事通过多种渠道未能解决，严某遂起诉至法院，要求判令万某、齐某某拆除其私自安装在涉案楼道内的铁门。经法院审理，判决万某、齐某某将其安装在楼道内的铁围栏、防盗门和其封堵在严某厨房窗外的物品移除。

本案例中，不动产的相邻权利人应当按照有利生产、方便生活、团结互助、公平合理的原则，正确处理相邻关系。本案所涉楼道为公共区域，万某、齐某某无权在未经相关部门批准及邻居同意的情况下擅自安装防盗门，将本属公共所有的区域封闭自用，其行为将对严某家的通风及严某使用厨房窗户和楼道窗户造成不便。

法条链接：

《民法典》第二百八十六条：业主应当遵守法律、法规以及管理规约，相关行为应当符合节约资源、保护生态环境的要求。对于物业服务企业或者其他管理人执行政府依法实施的应急处置措施和其他管理措施，业主应当依法予以配合。

业主大会或者业主委员会，对任意弃置垃圾、排放污染物或者噪声、违反规定饲养动物、违章搭建、侵占通道、拒付物业费等损害他人合法权益的行为，有权依照法律、法规以及管理规约，请求行为人停止侵害、排除妨碍、消除危险、恢复原状、赔偿损失。

业主或者其他行为人拒不履行相关义务的，有关当事人可以向有关行政主管部门报告或者投诉，有关行政主管部门应当依法处理。

第二百九十三条：建造建筑物，不得违反国家有关工程建设标准，不得妨碍相邻建筑物的通风、采光和日照。

32. 失主领取遗失物时是否应按照悬赏广告的承诺支付奖金?

答： 失主悬赏寻找遗失物的，领取遗失物时应当按照承诺履行义务，即应当按照悬赏广告的承诺支付奖金。

> 你既然悬赏寻找遗失物，领取遗失物时应当按照承诺履行义务。

案例： 甲丢失一个提包，内有现金10万元，各种票据等计款8万余元。甲发现丢失后，立即在电视台和有线广播电台连续播发寻物启事，声称对拾到并归还者给付1.5万元报酬。10天后，乙在回家的路上拾到该提包，当即前往甲指定的地点，要求甲在领取提包的时候，必须兑现给付1.5万元报酬的承诺。甲否认自己的承诺，只同意给付2000元；经有关部门调解，甲只同意给付1万元。故乙以甲不兑现承诺为由，坚持不返还提包。甲向法院起诉。法院判决甲给付被告1.5万元，乙将拾得的提包返还原告。本案例中，甲悬赏寻找遗失物，领取遗失物时应当按照承诺履行义务。

法条链接：

《民法典》第三百一十七条：权利人领取遗失物时，应当向拾得人或者有关部门支付保管遗失物等支出的必要费用。

权利人悬赏寻找遗失物的，领取遗失物时应当按照承诺履行义务。

拾得人侵占遗失物的，无权请求保管遗失物等支出的费用，也无权请求权利人按照承诺履行义务。

33. 在自家宅基地挖出的银圆归谁所有？

答：在自家宅基地挖出的银圆应该属于埋藏物。关于埋藏物的权属问题，《民法典》第319条规定，发现埋藏物或者隐藏物的，参照适用拾得遗失物的有关规定。因此，发现埋藏物的，应参照遗失物的规定返还权利人或者送交有关部门。可视情况分别处理：一是能够判定埋藏人，且埋藏物不易为他人发现的，发现人可以不挖出埋藏物，并将埋藏物继续掩埋好，且将发现情况告知埋藏人；二是能够判定埋藏人，且埋藏物易为他人发现的，发现人可依前种情形处理，也可以将埋藏物挖出，交还埋藏人；三是不能够判定埋藏人，且埋藏物不易为他人发现的，发现人可以不挖出埋藏物，并将埋藏物继续掩埋好，发现人可以将发现情况告知有关单位或者公安机关；四是不能够判定埋藏人，且埋藏物易为他人发现的，发现人可依前种情形处理，也可以将埋藏物挖出，按拾得不知遗失物丢失人的遗失物的办法处理。发现人发现的埋藏物倘若是文物，应按照《中华人民共和国文物保护法》进行处理。

既然他能够证明银圆是他父亲填藏的，你就应该无偿还给他，这是有法律规定的。

案例：某村村民张某因小儿子结婚，向村委会提出了宅基地申请，后经相关部门审核批准后，村委会在本村村南为张某划拨了一块宅基地。在挖地基时，工人无意间发现一个小缸，小缸内装了满满一缸银圆和一封信，信上写着："1950年刘某埋于此。"张某挖地基挖出一缸银圆的事很快就传遍了整个村庄。刘某之子现已80多岁，在得知张某挖到银圆一事后向张某索要银圆，并出示了其父亲刘某的临终遗书。遗书上称，刘某在村南埋藏一缸银圆，但没有写具体的埋藏位置。另外，该遗书上还有刘某的亲笔签名。但张某认为，银圆是在自家宅基地下挖到的，就应该归自己所有，因此拒不返还银圆。后经村委会调解，张某虽然同意返还银圆，但要求刘某之子付给自己1万元"辛苦费"。刘某之子认为，银圆是自己父亲所埋，理应就是自己的，因此不同意支付张某所要的"辛苦费"。刘某之子遂向当地人民法院起诉，请求法院判令张某返还银圆。法院经审理认定，张某挖到的银圆确属刘某所埋藏，法院依法判决被告张某无条件将银圆返还刘某之子。

法条链接：

《民法典》第三百一十九条：拾得漂流物、发现埋藏物或者隐藏物的，参照适用拾得遗失物的有关规定。法律另有规定的，依照其规定。

34. 租赁合同产生的添附物归属于谁？

答：承租人经出租人同意对租赁物进行的添附，对添附物归属约定不明的，在合同到期解除时，应当以添附物的性质判定其归属，必要时由获取利益的一方做出适当补偿；若出租人不同意承租人对租赁物进行添附，在合同到期解除时，承租人对添附物进行拆除，恢复原状，造成出租人损害的，应当给予赔偿或者补偿。

案例：甲与乙签订一份租赁合同，约定将甲所有的养殖场整体出租给乙用于家畜养殖。合同约定租赁期为五年，年租赁费为2500元，电费为每度0.65元，据实结算，乙负责维修管理营房和猪舍，不得改建房屋结构。合同签订后，乙未征得甲同意，即在养殖场新建22间猪舍。此后双方均如约履行合同。合同到期后，双方均未明确表示是否续签合同。甲两次以书面形式通知乙解除合同，要求乙拆除新建猪舍，并搬离。乙要求甲支付建设22间猪舍的费用15万元，22间猪舍归甲所有。甲认为乙未经其同意就建设22间猪舍，要求乙拆除新建猪舍，恢复养殖场原状。双方无法达成一致意见，甲遂至法院起诉。法院经审理判决，乙私自扩建猪舍，合同解除后应当依法拆除猪舍，恢复场地使用原状。

法条链接：

《民法典》第三百二十二条：因加工、附合、混合而产生的物的归属，有约定的，按照约定；没有约定或者约定不明确的，依照法律规定；法律没有规定的，按照充分发挥物的效用以及保护无过错当事人的原则确定。因一方当事人的过错或者确定物的归属造成另一方当事人损害的，应当给予赔偿或者补偿。

35. 土地承包经营权人可以通过出租方式获得收益吗？

答： 可以，土地承包经营权人可以自主决定依法采取出租、入股或者其他方式向他人流转土地经营权。

> 我们签订的租赁合同协议书属于土地承包经营权出租合同，是合法有效的，村委会不能收回土地。

案例： 某村村民赵某承包本村位于村东的2亩耕地，承包期限为30年。

因身体原因，赵某自己耕种承包地已经力不从心，于是赵某与本村村民谭某签订了租赁合同，谭某每年给赵某土地补偿费600元，使用期限至该承包地到期为止。本村村民认为赵某与谭某签订的租赁合同无效，赵某的承包地应该由本村村委会收回。

本案例中，赵某与谭某签订的租赁合同协议书，属于土地承包经营权出租合同，协议合法有效。

法条链接：

《民法典》第三百三十九条：土地承包经营权人可以自主决定依法采取出租、入股或者其他方式向他人流转土地经营权。

36. 土地承包经营权转让的，是否必须登记？

答：土地承包经营权作为一种用益物权，并未采取登记生效主义。土地承包经营权互换、转让的，当事人可以向登记机构申请登记；未经登记，不得对抗善意第三人。即当事人签订土地承包经营权的转让合同，并经发包方备案或者同意后，该转让行为在当事人双方之间发生效力，不强制要求当事人登记。但是当事人不登记，则不能对抗善意第三人。

案例：某村村民方某经发包方村委会同意，与同村的陈某签订了耕地经营权转让协议，约定：陈某将自己承包的10亩耕地经营权转让给方某。协议签订后，方某按规定付清了转让款，陈某也交付了耕地，但双方未办理耕地经营权变更手续。后来，因建设高速公路，10亩耕地被依法征收。陈某主张这块耕地的经营权主体未登记变更，转让协议无效，土地补偿款应归其所有。

根据《民法典》第335条的规定，方某与陈某签订的土地承包经营权变更合同经发包方即村委会同意，也没有违反法律、行政性法规的禁止性规定，属合法有效。而经营权变更手续仅仅是合同成立后的合同义务，不是合同生效的条件，故经营权主体此时已变更为方某。因此，方某应享有土地被征收后的补偿款。

法条链接：

《民法典》第三百三十五条：土地承包经营权互换、转让的，当事人可以向登记机构申请登记；未经登记，不得对抗善意第三人。

第三百四十一条：流转期限为五年以上的土地经营权，自流转合同生效时设立。当事人可以向登记机构申请土地经营权登记；未经登记，不得对抗善意第三人。

37. 70 年住宅建设用地使用权到期后该怎么办？

答： 住宅建设用地使用权期限届满的，自动续期，不会存在存续期间限制问题。

案例： 深圳的国际商业大厦是国内第一个续约土地使用权的案例。深圳的国际商业大厦由于历史遗留问题，在同一栋楼内有 20 年、30 年、40 年、50 年这四种年限不一的房产证。最早的 20 年产权部分早已到期。深圳市人民政府根据相关法律规定，出台了《深圳到期房产续期若干规定》，规定到期房地产，业主需继续使用该土地的，在不改变用途的情况下，按有偿使用土地的原则，延长土地使用年期，在剩余年期（国家规定的最长使用年期减去已使用年期）范围内约定年期的，补缴地价数额为公告基准地价的 35%，并按约定年期一次性支付。国际商业大厦到期房源的产权方按照该规定，通过补交土地出让金完成了续期。

法条链接：

《民法典》第三百五十九条：住宅建设用地使用权期限届满的，自动续期。续期费用的缴纳或者减免，依照法律、行政法规的规定办理。

非住宅建设用地使用权期限届满后的续期，依照法律规定办理。该土地上的房屋以及其他不动产的归属，有约定的，按照约定；没有约定或者约定不明确的，依照法律、行政法规的规定办理。

38. 宅基地使用权是否可以转让？若转让是否需要登记？

答： 农村宅基地使用权的转让是被允许的，但有较多限制条件。宅基地转让必须具备下列条件：（1）经本村村民委员会同意，且最终取得乡镇人民政府批准；（2）转让人与受让人同为本村村民；（3）受让人无宅基地，且符合宅基地申请条件。有下列转让情况，应认定无效：（1）城镇居民购买；（2）法人或其他组织购买；（3）转让人未经集体组织批准；（4）向集体组织成员以外的人转让；（5）受让人已有住房，不符合宅基地分配条件。

由于广大农村地区宅基地登记制度滞后，实践中存在大量宅基地使用权发生转让却并未登记的情况。故此，对宅基地登记没有采取"一刀切"的规定。

案例： 包某欲在其父户籍地华容县某村购买一处宅基地用于建造房屋。通过朋友提供信息，包某得知户籍早已迁出该村的廖某在该村有一块闲置的宅基地。包某与廖某取得联系，双方签订了宅基地使用权买卖合同，并交付了3万元购地款。后包某到自然资源部门办理宅基地使用权过户手续，自然资源部门以双方宅基地买卖违反法律规定为由未予办理。

本案例中，农村宅基地使用权是指农村本集体经济组织成员依法享有在农村集体所有的土地上建造住宅的权利，宅基地所有权属于村集体，农村村民一户只能拥有一处宅基地。包某、廖某是城镇居民，户籍均不在宅基地所在村落，无权在该村拥有宅基地。涉案宅基地的使用权应属于村集体，廖某将该宅基地使用权出卖给包某的行为违反法律强制性规定，应属无效。合同无效后，因该合同取得的财产应依法返还，即廖某返还包某3万元购地款。所以，农村宅基地转出和转入都要合理安排，尤其是没有经过村集体同意的宅基地流转，是不受法律保护的。

法条链接：

《民法典》第三百六十五条：已经登记的宅基地使用权转让或者消灭的，应当及时办理变更登记或者注销登记。

39. 什么是居住权？设立居住权有什么重要的现实意义？居住权的设立会对未来房产价值和社会生活产生什么影响？

答：居住权是居住权人对他人房屋的全部或部分及其附属设施所享有的占有、使用的权利。居住权是《民法典》新创设的一种物权，是一种用益物权，是一种利他物权，是一种人役权。居住权不同于租赁权，租赁权是债权，是请求权。理解居住权应当把握两点：一是居住权是一项他物权，它不包括因租赁、借用而产生的居住现象，也不包括基于亲属关系形成的居住现象。二是居住权是为了特定的自然人设定的支配性财产权。

我国设立居住权具有重要意义，可以在所有权不变的情况下，更有效率地使用房屋，既能保护产权方的所有权，又能确保居住方占有、使用房屋，满足其稳定的居住需求。如离婚后，有房一方为无房一方设立居住权，解决其居住问题；单位在产权不变的情况下，为职工提供稳定的住房福利；老年人在保留居住权的情况下，卖房养老，从而实现住有所居。只要设立了居住权，即使没有房产证，也可以合法居住。业主即便事后获得不动产证、拿到所有权，也无法改变居住权已经存在的现实，没有权利赶走居住权人。至于居住权的期限，可自行设立，可以是一年、两年，也可以是终生。

居住权的设立将会对未来房产价值和社会生活产生巨大影响。（1）影响房产交易安全。过去房产交易，只需要看是否存在抵押、租赁的情况；未来房产交易，必须考虑到居住权的存在，这是房产交易中最不容忽视的变量。被设立居住权的房子商业价值大打折扣，买方购买这套房屋，不能居住，也不能出租。只有等到居住权到期、居住权人死亡或居住权消灭后，房屋才能恢复正常使用价值。所以买房前一定要进行调查，不仅要调查是否存在租赁或抵押的情况，也要看看是否设立了居住权。房屋的居住权一旦在房管局登记，就算成立，没有登记则不成立。所以，调查居住权一定要查册，看房屋被设立的居住权有没有登记。（2）影响房产继承后的使用权利。在房产合法继承后，对房屋居住使用的权利会受到影响。例如：老人一旦给保姆或亲戚设立居住权，老人去世后，即便房子为子女所继承，保姆或亲戚仍享有居住权。如果居住权是终生的，保姆或亲戚可以住到自己去世为止，子女即便拿到了不动产证，也没有权利将其赶出，也不得再次将这套房子用于出租。（3）影响婚姻关系。对于男女婚姻关系中牵涉的住房问题，居住权的出现提供了一种新的解决方案：给另一方居住权，而不用让出所有权。这种方案不牵涉房产证加名的情况，婚姻中的一方可以不用出钱买房、还房贷，另一方也可以保障对方的居住权，但是房子的产权和对方无关。（4）可能会出现债务人恶意对抗债权人的情形。现实状态下，债务人可能恶意利用居住权对抗债权人的合法权益。居住权与所有权分离，那么新设居住权的房子，其入学权益、落户权益归谁所有等事关居住权问题的细节，则需要相关的法律和政策进行配套。

案例： 退休职工老赵如今已经85岁，身体不是很健康，保姆王阿姨已经照料老赵20年。为防止自己去世后王阿姨无处可去，老赵便在自己拥有完全产权的房屋上为照顾其生活起居的保姆王阿姨设立了居住权，且居住权的期限为10年，并且办理了居住权登记，保姆王阿姨成了该房屋的居住权人。第二年，老赵的远房外甥小钱因刚毕业，工资有限，想租老赵的一间卧室，租这房屋虽然价格合适，但设立了一个10年的房屋居住权，这个不能不考虑。

期为 2 年，但保姆王阿姨不同意。

本案例中，老赵是不得将房屋出租的，除非征得王阿姨同意。根据《民法典》第 369 条的相关规定，设立居住权的住宅不得出租。当然，王阿姨也不能因为对该房屋拥有居住权就将该房屋出租，因为居住权不包括收益的权利，这是居住权区别于所有权的一个特征。第三年，老赵的儿子小赵要结婚，老赵为帮儿子置办婚房，就将房屋委托一家中介公司挂牌出售。因该房屋地理位置好，采光条件佳，看房的客户络绎不绝，老赵心花怒放，以为房屋很快就能出售，但一连挂牌了两个月，还是没有客户有购买意向。老赵百思不得其解，一问，原来这家中介公司将房屋挂牌时，协助老赵调取了房屋的产权情况，发现该房屋上设立了居住权。部分看房客户虽中意这个房子，但发现房屋上设立了一个 10 年的居住权，距离居住权到期还有 7 年之久，就放弃了购买该房屋的打算，故而老赵的房屋未能成功出售。本案例中，房屋所有人可以在自己所有的房屋上设立居住权。根据《民法典》的规定，未禁止设立居住权的房屋进行出售，但设立了居住权的房屋，居住权人在居住权期限未届满前可以一直居住在该房屋，其流通价值大打折扣。

法条链接：

《民法典》第三百六十六条：居住权人有权按照合同约定，对他人的住宅享有占有、使用的用益物权，以满足生活居住的需要。

40. 居住权是否可以转让或者继承？设立居住权的房子是否可以出租？

答：居住权不得转让、继承。设立居住权的住宅不得出租，但是当事人另有约定的除外。

这是书面居住权合同，我们去不动产登记中心进行登记，就合法有效了。你不能将居住权转让给其他人。

案例：老钱今年78岁，老伴去世多年，经人介绍，他与55岁的谭大妈相识，后来不顾子女反对，与谭大妈登记结婚。老钱考虑到自己比谭大妈大22岁，为防止子女们在自己去世后将老伴谭大妈赶出目前所有权属于老钱的房屋，经向律师咨询，老钱与谭大妈签订了书面居住权合同，并去登记机构进行了登记。

本案例中，老钱房屋的居住权在不动产登记中心已登记，居住权已设立，若只签订了合同却未办理登记，则居住权未设立。若老钱要将该房子出租，必须征得谭大妈的同意，但谭大妈不能将居住权转让，其儿女不得继承居住权。

法条链接：

《民法典》第三百六十九条：居住权不得转让、继承。设立居住权的住宅不得出租，但是当事人另有约定的除外。

41. 房款已付，产权已过户，房屋为什么不能住？

答：当事人虽已支付房款，并办理了产权过户，但因购买的房屋被设置了居住权，所以房屋不能住，也不能出租。被设置居住权的房屋没有流通价值，购房人购买这套房屋，不能居住，不能出租，等于使用价值几乎为零，商业价值大打折扣，只有等到居住权到期或居住权人死亡或居住权消灭后，房屋才恢复价值。所以，购买房屋前一定要进行调查，不仅要调查房屋是否有长期租赁合同，更要查看是否被设置了居住权。

案例：老秦已届退休年龄，经多方考察，最终选定了位于大明湖畔的环境优美、空气清新的某小区1单元1001室，并与房主杨某签订了房屋买卖合同，在合同约定的时间内支付了全部购房款，并到房产登记中心办理了产权过户。老秦高高兴兴地找了一家装修公司，准备装修入住。此时老秦却发现新购买的房屋被设置了10年居住权，即使装修了也不能居住，因此心中万分懊恼，寝食难安。

本案例中，老秦购买的房屋因设立了居住权，老秦就是获得不动产证后，也无法改变居住权已经存在的现实，没有权利赶走居住权人。即使设立居住权的房屋没有房产证，也可以合法居住。未来房产交易，必须考虑到居住权的存在，这是房产交易最不容忽视的变量。

法条链接：

同本书第50页。

42. 居住权的设立方式有哪些？

答：根据《民法典》的规定，设立居住权有以下几种方式，不同的设立方式，居住权设立的时间不同。

一是合同。当事人订立居住权合同是设立居住权最主要的形式。通过订立居住权合同设立居住权的，必须到登记机构申请居住权登记，居住权自登记时设立。

二是遗嘱。住宅所有权人可以以遗嘱方式为他人设立居住权，即住宅所有权人在自己的遗嘱里明确为他人设立居住权。

三是法院判决。居住权还可通过法院判决的形式设立。《民法典》第229条规定，因人民法院、仲裁机构的法律文书或者人民政府的征收决定等，导致物权设立、变更、转让或者消灭的，自法律文书或者征收决定等生效时发生效力。司法实践中，法官可以依法将居住权判给一些有特殊需求的人，这也是依法律规定设定居住权的一种方式。

案例：甲有两个儿子、一个女儿。大儿子乙患有智障，属于限制民事行为能力人。女儿丙婚后经常回家帮助父母照顾自己的弟弟乙，二儿子丁基本上对父母和弟弟乙不管不问。甲为了在自己和老伴去世后，乙能居有住所，不至于流浪街头，就想在自己所有的房屋上为乙设立居住权，居住权的期限是直至居住权人乙死亡。本案例中，甲可以采取合同方式设立居住权，也可以采用遗嘱方式设立居住权。

法条链接：

第三百七十一条：以遗嘱方式设立居住权的，参照适用本章的有关规定。

43. 地役权是否可以单独抵押？建设用地使用权抵押的，实现抵押权时，地役权是否转让？

答：地役权不可以单独抵押，建设用地使用权抵押的，实现抵押权时，地役权一并转让。地役权是以他人的不动产为标的物，以利用他人的不动产为内容。在地役权法律关系中，利用他人的不动产来提高自己不动产的效益是设立地役权的主要目的。地役权作为土地使用权的物上权利或物上负担，与土地使用权紧密联系在一起。根据《民法典》第381条规定，地役权不得单独抵押。土地经营权、建设用地使用权等抵押的，在实现抵押权时，地役权一并转让。由此可知，地役权随着抵押权一并发生转让，不可以将其单独进行抵押。

案例： 房地产开发公司甲在某山脚下有一块土地，正好位于乙小区的前面，为使乙小区的居民能观赏到山上的风景，乙小区的业主委员会根据小区业主的意见与甲达成协议，在该地块上设立地役权，双方约定：甲房地产开发公司在30年内不得在该土地上兴建三层高以上建筑；作为补偿，乙每年向甲支付30万元。一年后，甲为了融资，向丙借款300万，将该地块进行了抵押，借款期限为2年。借款到期后，甲无力偿还借款，甲将该地块的使用权转让给丙，丙公司在该土地上动工修建高层电梯公寓。乙小区的业主委员会得知后，便要求丙公司立即停止兴建，但遭到拒绝。于是乙小区业主委员会向法院提起诉讼，请求法院判决丙公司停止施工并同时要求甲承担违约责任。

本案例中，该地块的地役权不得单独抵押，以该地块建设用地使用权进行抵押的，在丙实现抵押权时，该地块的地役权一并转让。因此，丙必须遵守在30年内不得在该土地上兴建三层高以上建筑；并且接受乙每年向丙支付30万元作为补偿的约定。

法条链接：

《民法典》第三百八十一条：地役权不得单独抵押。土地经营权、建设用地使用权等抵押的，在实现抵押权时，地役权一并转让。

44. 融资租赁、所有权保留、保理、以物抵债、让与担保、回购等非典型担保合同有效吗？

答：有效。《民法典》第388条第1款规定，设立担保物权，应当依照本法和其他法律的规定订立担保合同。担保合同包括抵押合同、质押合同和其他具有担保功能的合同。担保合同是主债权债务合同的从合同。主债权债务合同无效的，担保合同无效，但是法律另有规定的除外。其中，"其他具有担保功能的合同"亦属于担保合同，实践中融资租赁、所有权保留、保理、以物抵债、让与担保、回购等非典型担保广泛应用，司法裁判也逐渐形成共识，即不违反法律、行政法规强制性规定的非典型担保合同有效。《民法典》第388条的规定，扩大了担保合同的范畴，担保合同不再仅限于抵押合同，从而为非典型担保合同"正名"，为金融担保创新增加"供给"，也为非典型担保的裁判提供了法律依据。

案例：某乡政府为扶持辖区内乡镇集团企业某焊材厂，先后向供销公司法定代表人李某借款155万元，并约定了年利率。后由于无力偿还，某乡政府（甲方）与供销公司（乙方）签订了《产权整体移交协议书》，约定：双方协商自某年某月某日起由甲方将所属某焊材厂整体移交给乙方，产权归乙方所有；甲方从李某处借的155万元本金及利息等由乙方承担，并负责偿还；其余发生在乙方接受前的该企业一切债权债务由甲方承担，协议生效后，该企业所发生的一切债权债务由乙方承担……同年某月某日，某乡政府将某焊材厂全部资产登记造册后整体移交给供销公司。同时，双方在某焊材厂资产移交明细表上盖章签字确认。之后，供销公司即接管了某焊材厂，并开展生产经营活动。之后，双方发生纠纷，供销公司主张其与某乡政府之间的《产权整体移交协议书》是无效协议。

本案例中，《产权整体移交协议书》及《补充协议》为有效协议。以物抵债属于清偿债务的一种方式，通过债务人将其固定资产作价转移给债权人，从而清偿其对债权人负有的相应债务。只要双方的意思表示真实，协议内容不违反国家法律的强制性规定，便为有效合同。合同一方不能因为事后经营抵债的资产不成功便质疑原以资抵债合同的有效性。

法条链接：

《民法典》第三百八十八条：设立担保物权，应当依照本法和其他法律的规定订立担保合同。担保合同包括抵押合同、质押合同和其他具有担保功能的合同。担保合同是主债权债务合同的从合同。主债权债务合同无效的，担保合同无效，但是法律另有规定的除外。

担保合同被确认无效后，债务人、担保人、债权人有过错的，应当根据其过错各自承担相应的民事责任。

45. 正在建造中的房屋能不能抵押？

答：能抵押。《民法典》第 395 条明确详细地规定了可以用于抵押的财产类型，其中包括正在建造的建筑物、船舶、航空器等，所以正在建造的房屋当然可以用于抵押。

案例：某房地产开发公司甲正在开发某地块2号、5号楼盘，因资金紧张，遂向某建设银行乙借款1亿元，借款期限为1年。为保证到期偿还借款，甲、乙商定以建设中2号、5号楼盘的500套住房为抵押物，并到房屋登记机关办理了抵押登记。

本案例中，债务到期，若甲不能偿还借款，那么乙有权就甲正在建设中的500套住房进行折价、拍卖、变卖等，优先从所得的价款中拿出1亿元，清偿甲欠自己的债务。

法条链接：

《民法典》第三百九十五条：债务人或者第三人有权处分的下列财产可以抵押：

（一）建筑物和其他土地附着物；

（二）建设用地使用权；

（三）海域使用权；

（四）生产设备、原材料、半成品、产品；

（五）正在建造的建筑物、船舶、航空器；

（六）交通运输工具；

（七）法律、行政法规未禁止抵押的其他财产。

抵押人可以将前款所列财产一并抵押。

46. 未办理抵押登记，抵押权有效吗？

答：未办理抵押登记，并不影响抵押合同的效力。但是不办理抵押登记，不动产抵押权则不能生效；动产抵押权生效，但是不能对抗善意第三人。一般来说，抵押合同生效后，抵押人必须按照约定办理抵押登记，否则将构成违约，要承担违约责任。（1）以不动产抵押的，办理抵押登记手续后，不动产抵押权成立并生效，此刻债权人对该不动产享有优先受偿权。（2）以动产抵押的，未办理登记，动产抵押权生效，但是不能对抗善意第三人。所谓不能对抗善意第三人，是指未经抵押权登记的动产转让或者再设定抵押的，未登记抵押权人不得对受让人或者登记抵押权人主张抵押权。

案例： 甲将一辆高级轿车抵押给乙，以担保其欠乙的 10 万元债务，但是未办理登记。其后，甲将该轿车卖给丙，并办理了过户手续。本案例中，乙不能向丙主张抵押权，丙购买的轿车属于无抵押权负担的轿车。

法条链接：

《民法典》第四百零二条：以本法第三百九十五条第一款第一项至第三项规定的财产或者第五项规定的正在建造的建筑物抵押的，应当办理抵押登记。抵押权自登记时设立。

第四百零三条：以动产抵押的，抵押权自抵押合同生效时设立；未经登记，不得对抗善意第三人。

第四百零四条：以动产抵押的，不得对抗正常经营活动中已经支付合理价款并取得抵押财产的买受人。

47. 同一财产上有数个抵押权的，在实现抵押权时，应当按照何种顺序进行清偿？

答： 根据《民法典》第 414 条的规定，同一财产向两个以上债权人抵押的，拍卖、变卖抵押财产所得的价款依照下列规定清偿：（1）抵押权已经登记的，按照登记的时间先后确定清偿顺序；（2）抵押权已经登记的先于未登记的受偿；（3）抵押权未登记的，按照债权比例清偿。其他可以登记的担保物权，清偿顺序参照适用前款规定。

清偿顺序遵循以下几个原则：首先，已经登记的抵押权优先于未登记的抵押权受偿；其次，抵押权都未登记的，按照债权之间的比例进行清偿；最后，抵押权都登记的，按照登记的先后顺序进行清偿，如果顺序相同，按照债权之间的比例进行清偿。

案例：刘某以价值 500 万元的房产作为抵押，分别向甲、乙两银行各贷款 230 万元，刘某与甲银行于 4 月 5 日签订抵押合同，于 4 月 8 日办理抵押登记；刘某与乙银行于 4 月 7 日签订抵押合同，并于当天办理了抵押登记。后楼价回落，李某无力还款，甲、乙两银行分别行使抵押权，对李某的公寓进行拍卖，获得价款 360 万元。

本案例中，根据上述规则，两个抵押权都登记的，先登记的抵押权优先于后登记的抵押权，故乙银行优先于甲银行受偿。那么，乙银行应获得 230 万元，而甲银行只能获得 130 万元。

法条链接：

《民法典》第四百一十四条：同一财产向两个以上债权人抵押的，拍卖、变卖抵押财产所得的价款依照下列规定清偿：

（一）抵押权已经登记的，按照登记的时间先后确定清偿顺序；

（二）抵押权已经登记的先于未登记的受偿；

（三）抵押权未登记的，按照债权比例清偿。

其他可以登记的担保物权，清偿顺序参照适用前款规定。

48. 房屋先出租后抵押的，实现抵押权时租赁关系是否消灭？

答：租赁权先于抵押权存在。实现抵押权而将房屋转让时，抵押人与承租人之间原有的租赁关系不当然终止，承租人可以继续享有租赁权。

案例：甲将房屋出租给乙，后甲又将该房屋进行了抵押，并办理了登记。后甲无力偿还借款，为了实现抵押权被迫将该房子转让给丙，丙取得

你取得了房屋的所有权，但我依然享有房屋的租赁权，可以继续租住这房子。

该房子的所有权。本案例中，乙仍然享有该房屋的租赁权，可以继续租住该房子。

法条链接：

《民法典》第四百零五条：抵押权设立前，抵押财产已经出租并转移占有的，原租赁关系不受该抵押权的影响。

49. 什么是浮动抵押？实现浮动抵押权时，什么时候确定财产范围？

答： 浮动抵押是指权利人以现有的和将有的全部财产或者部分财产为其债务提供担保。《民法典》第396条对浮动抵押进行了明确规定：企业、个体工商户、农业生产经营者可以将现有的以及将有的生产设备、原材料、半成品、产品抵押，债务人不履行到期债务或者发生当事人约定的实现抵押权的情形，债权人有权就抵押财产确定时的动产优先受偿。

由于浮动抵押的财产是不断变动的，什么时候才能确定抵押财产的范围呢？根据《民法典》第411条的规定，抵押财产自下列情形之一发生时确定：

（1）债务履行期限届满，债权未实现；（2）抵押人被宣告破产或者解散；（3）当事人约定的实现抵押权的情形；（4）严重影响债权实现的其他情形。当以上任何一种情形发生时，浮动抵押即转化为固定抵押，抵押财产确定，抵押人不得再处分抵押财产。

案例： 甲企业为扩大生产规模，与乙银行签订借款合同，双方约定以甲现有的以及将来拥有的生产设备、原材料、半成品、产品抵押。

本案例中，抵押权设定后，抵押人甲仍可以将抵押的原材料投入成品生产，也可以卖出抵押财产。但当发生债务履行期限届满债务未受清偿、抵押人甲被宣告破产或者解散、甲乙双方当事人约定的实现抵押权的情形或者严重影响债权实现的情形时，抵押财产予以确定，也就是说此时甲企业有哪些财产，哪些财产就是抵押财产。

法条链接：

《民法典》第三百九十六条：企业、个体工商户、农业生产经营者可以将现有的以及将有的生产设备、原材料、半成品、产品抵押，债务人不履行到期债务或者发生当事人约定的实现抵押权的情形，债权人有权就抵押财产确定时的动产优先受偿。

第四百一十一条：依据本法第三百九十六条规定设定抵押的，抵押财产自下列情形之一发生时确定：

（一）债务履行期限届满，债权未实现；

（二）抵押人被宣告破产或者解散；

（三）当事人约定的实现抵押权的情形；

（四）严重影响债权实现的其他情形。

50. 债务履行期限届满前，双方约定到期若不能清偿债务，标的物归债权人所有的抵押条款，有效吗？

答： 无效。根据《民法典》第401条的规定，抵押权人在债务履行期限届满前，与抵押人约定债务人不履行到期债务时抵押财产归债权人所有的，只能依法就抵押财产优先受偿。此规定改变了物权法对流押条款的绝对禁止，明确了流押条款存在时当事人之间对抵押财产的清算义务，既保障了担保物权人的优先受偿权，又保护了弱势债权人的利益，更彰显了意思自治。因此，合同约定到期若不能清偿债务，标的物归债权人所有的抵押条款，是无效的。

案例： 刘某向孙某借款5万元，并将其轿车抵押给孙某。刘某根据孙某的要求，在签订的抵押合同里约定：如刘某到期不能偿还债务，刘某的轿车归孙某所有。后刘某在约定的还款日期到来之时依旧无法偿还借款，孙某遂找到刘某要求拿车，但是遭到了刘某的拒绝，于是孙某将刘某诉至法院。本案例中，刘某与孙某签订的抵押合同中关于刘某到期不能偿还债务，则孙某的轿车归刘某所有的约定，因违反法律的强制性规定而属无效的约定。

法条链接：

《民法典》第四百零一条：抵押权人在债务履行期限届满前，与抵押人约定债务人不履行到期债务时抵押财产归债权人所有的，只能依法就抵押财产优先受偿。

51. 借款人借款购买货物，同时将该货物抵押给贷款人作为价款担保的约定，有效吗？

答：有效。价金担保权是《民法典》的全新制度。根据《民法典》第416条的规定，赋予贷款人价金担保权，可以保护贷款人的权利，价金担保权的正当理由在于打破了在先担保物权人尤其是浮动抵押权人对于担保财产的"垄断地位"，拓宽了债务人的再融资渠道，均有益于各方当事人，今后将对金融实践与司法裁判产生较大影响。

案例：甲向乙购买造纸机器设备，乙于1月1日向甲交付该设备，甲于1月2日将该设备抵押给丙银行并办理抵押登记，因甲未向乙支付设备价款，甲和乙于1月5日设定了购买价金担保权。本案例中，根据《民法典》第416条的规定，乙将优先于丙银行受偿。

法条链接：

《民法典》第四百一十六条：动产抵押担保的主债权是抵押物的价款，标的物交付后十日内办理抵押登记的，该抵押权人优先于抵押物买受人的其他担保物权人受偿，但是留置权人除外。

52. 是否可以对一定期间内连续发生的债权提供抵押？

答：可以。根据《民法典》第420条的规定，为担保债务的履行，债务人或者第三人对一定期间内将要连续发生的债权提供担保财产的，债务人不履行到期债务或者发生当事人约定的实现抵押权的情形，抵押权人有权在最高债权额限度内就该担保财产优先受偿。最高额抵押与一般抵押的不同之处在于它是对将来一定期限内连续发生的债权提供一定限额的担保。最高额抵押所担保的最高债权额是确定的，但实际发生额是不确定的，只要实际发生额在最高限额之内就有效，否则超出部分就是一般债权。

案例：为了扩大生产规模，甲企业与乙银行达成协议，未来3年内乙银行每年贷给甲企业1.2亿元，总额不超过3.6亿元。甲企业以一处厂房作为抵押并办理了登记。3年后，甲企业欠乙银行的贷款余额为2.8亿元，到期不能清偿。乙银行申请拍卖厂房，获得价款3.5亿元。

本案例中，甲企业所贷2.8亿元在最高限额3.6亿元之内，因此乙银行可以从这3.5亿元中优先受偿2.8亿元。

法条链接：

《民法典》第四百二十条：为担保债务的履行，债务人或者第三人对一定期间内将要连续发生的债权提供担保财产的，债务人不履行到期债务或者发生当事人约定的实现抵押权的情形，抵押权人有权在最高债权额限度内就该担保财产优先受偿。

最高额抵押权设立前已经存在的债权，经当事人同意，可以转入最高额抵押担保的债权范围。

53. 债务到期前，约定不履行到期债务时质押财产归债权人所有的条款，是否有效？

答：无效。根据《民法典》第428条的规定，质权人在债务履行期限届满前，与出质人约定债务人不履行到期债务时质押财产归债权人所有的，只能依法就质押财产优先受偿。由此可见，法律明确规定债务人到期不履行债务的，债权人并不享有该抵押物的所有权。

案例：甲与乙系某大学同寝室同学，乙因急需用钱向甲借款2000元并保证3个月后肯定还。甲表示可以借款，但需乙将手提电脑质押给自己，如乙3个月后无法清偿借款，该电脑就归自己所有。因急需借钱，乙只得同意，并

与甲订立了合同。3 个月后，乙不能偿还甲 2000 元。本案例中，甲不得将该电脑据为己有，但可以待乙卖掉电脑后优先受偿 2000 元。

法条链接：

《民法典》第四百二十八条：质权人在债务履行期限届满前，与出质人约定债务人不履行到期债务时质押财产归债权人所有的，只能依法就质押财产优先受偿。

54. 以知识产权中的财产权出质的，权利质权何时生效？出质后，有什么特别限制？

答：以注册商标专用权、专利权、著作权等知识产权中的财产权出质的，质权自办理出质登记时设立。以知识产权中的财产权出质的，当事人必须订立书面合同。但仅订立书面合同，权利质权并不能生效，还要向有关部门办理出质登记。办理出质登记时，权利质权生效。

知识产权中的财产权出质后，出质人不得转让或者许可他人使用，但是经出质人与质权人协商同意的除外。出质人转让或者许可他人使用出质的知识产权中的财产权所得的价款，应当向质权人提前清偿债务或者提存。

案例：甲酒厂为了扩大再生产，向乙银行贷款300万，甲酒厂以自己的驰名商标"玉兔"出质，甲乙双方订立了书面合同，并向知识产权局办理了出质登记。本案例中，该权利质权自办理出质登记时生效。

法条链接：

《民法典》第四百四十四条：以注册商标专用权、专利权、著作权等知识产权中的财产权出质的，质权自办理出质登记时设立。

知识产权中的财产权出质后，出质人不得转让或者许可他人使用，但是出质人与质权人协商同意的除外。出质人转让或者许可他人使用出质的知识产权中的财产权所得的价款，应当向质权人提前清偿债务或者提存。

55. 留置权人可以使用留置财产吗?

答：原则上，未经债务人同意，留置权人不得使用、出租留置财产或者擅自把留置财产作为其他债权的担保物。但是，留置权人出于保管的需要，为使留置财产不因闲置而发生损害，在必要的范围内有使用留置财产的权利。

根据《民法典》第 451 条的规定，留置权人负有妥善保管留置财产的义务；因保管不善致使留置财产毁损、灭失的，应当承担赔偿责任。

案例：孙某打算建设四间平房，于是与宋某订立了一项协议，由宋某为孙某搭建四间平房。但是在建房过程中，两人因为房屋质量和建房费用等问题发生了争议。为此，双方经过协商又达成了一项书面协议，约定由宋某于下个月 1 日前返还孙某已预付给他的 2 万元押金，同时约定，宋某以放在工地上的一宗设备作为质押物，待宋某还清了押金，孙某便应立即将这宗设备返还给宋某。到了约定的期限，宋某并没有履行义务，孙某将质押的这宗设备留置下来。孙某未经宋某同意，使用了这宗留置的设备，并造成了一些损毁。宋某向法院起诉，要求孙某返还其留置在孙某处的质押物并赔偿损失。

本案例中，孙某与宋某达成的留置协议中的相关内容符合我国《民法典》的规定，孙某留置宋某的设备合法有据，属于依法留置，但孙某负有妥善保管留置财产的义务；因保管不善致使留置财产毁损、灭失的，应当承担赔偿责任。未经债务人宋某同意，孙某不得使用、出租留置财产或者擅自把留置财产作为其他债权的担保物。因此，孙某应返还宋某留置在孙某处的质押物并赔偿损失。

法条链接：

《民法典》第四百五十一条：留置权人负有妥善保管留置财产的义务；因保管不善致使留置财产毁损、灭失的，应当承担赔偿责任。

第三讲
合　同

56. 采用信件、数据电文等形式签订的合同什么时候成立?

答:为了满足电子商务和数字经济快速发展的需要,《民法典》第 491 条规定,当事人一方通过互联网等信息网络发布的商品或者服务信息符合要约条件的,对方选择该商品或者服务并提交订单成功时合同成立,但是当事人另有约定的除外。《民法典》增加了对电子合同订立与履行的特殊规则的规定,使得很多新形式互联网交易产生纠纷时有法可依。

案例:李某在某二手平台看中了一款二手奢侈品品牌皮包。在该二手平台上与卖家张某沟通后,李某预付了一万元定金并提交了订单。随后李某后悔,不想购买此包了,遂与卖家张某联系,欲取消交易并要求退还定金。而张某告知李某:买卖合同已经成立,不得随意解除合同。

本案例中,卖家张某在某二手平台发布商品信息及价格的行为构成要约,根据《民法典》第 491 条的规定,在李某支付定金并成功提交订单之时,买卖合同就已成立,双方均应依约履行,否则将承担相应违约责任。

法条链接:

《民法典》第四百九十一条:当事人采用信件、数据电文等形式订立合同要求签订确认书的，签订确认书时合同成立。

当事人一方通过互联网等信息网络发布的商品或者服务信息符合要约条件的，对方选择该商品或者服务并提交订单成功时合同成立，但是当事人另有约定的除外。

57. 买卖合同中，标的物的孳息归谁所有？

答： 孳息是原物的对称，是指由原物产生的收益，分为天然孳息与法定孳息。天然孳息指依物的自然属性所生的收益，如树所结的果实；法定孳息指依法律关系所生的收益，如出租房屋的租金。《民法典》第 630 条规定，标的物在交付之前产生的孳息，归出卖人所有；交付之后产生的孳息，归买受人所有。但是，当事人另有约定的除外。因此，除当事人另有约定的外，孳息随标的物的交付而转移。

案例： 甲将自己的一头怀孕的母黄牛卖给乙，双方签订买卖合同，约定次日甲将黄牛交付给乙。第二天，天气突变，降下暴雪，大雪封路，甲无法将黄牛交付乙。在合同签订后的第四天，黄牛产下一头小牛。甲乙对小牛的归属产生争议，甲认为小牛是天然孳息，合同未对小牛的归属作出约定，黄牛也未交付给乙，小牛应归属自己所有；乙认为黄牛虽未交付，但小牛是黄牛所生，甲已经将黄牛卖予自己，小牛理应归自己所有。

本案例中，根据《民法典》第 630 条的规定，甲乙双方当事人在合同中对小牛的归属未作出约定，黄牛在交付之前产生的小牛为孳息，归出卖人甲所有。

法条链接：

《民法典》第六百三十条：标的物在交付之前产生的孳息，归出卖人所有；交付之后产生的孳息，归买受人所有。但是，当事人另有约定的除外。

58. 试用期间，标的物灭失的风险由谁承担？

答： 标的物在试用期内毁损、灭失的风险由出卖人承担。

案例： 汽车销售公司甲与自然人乙签订了汽车试用买卖合同。甲按照合同约定将一辆汽车交付乙试用。乙在试用期间，某日在上班途中遭遇冰雹天气，导致试用车辆发生毁损。由于甲乙未对该毁损的承担进行约定，双方都认为车辆毁损的后果该由对方承担，因此发生争议。

本案例中，根据《民法典》第 640 条的规定，乙试用车辆在试用期内毁损、灭失的风险由出卖人甲承担。当然，双方也可以在合同中作出排除性规定。

法条链接：

《民法典》第六百四十条：标的物在试用期内毁损、灭失的风险由出卖人承担。

59. 借款的利息可以预先扣除吗?

答: 不可以,借款的利息不得先在本金中扣除。利息预先在本金中扣除的,应当按照实际借款数额返还借款并计算利息。即使当事人约定利息先扣除的,因该约定违反法律的禁止性规定,所以在法律上无效。

案例: 借款人甲向贷款人乙借款 10 万元,借期为 1 年,年利率为 10%,到期应当向贷款人乙支付的利息为 1 万元。贷款人乙在提供借款时就直接将利息扣除,仅向借款人甲支付 9 万元借款。

本案例中,根据《民法典》第 670 条规定,乙向甲的借款数额应确定为 9 万元,到期后借款人甲应当向贷款人乙返还本金 9 万元,支付利息 0.9 万元,合计 9.9 万元。

法条链接:

《民法典》第六百七十条:借款的利息不得预先在本金中扣除。利息预先在本金中扣除的,应当按照实际借款数额返还借款并计算利息。

60. 被"借一万,还十万"的网贷套路,应该怎么办?

答: 针对近年来社会各界反映强烈的高利贷问题,《民法典》第 680 条明确规定禁止高利放贷,借款的利率不得违反国家的有关规定。

案例: 小史和妻子都是"90 后",两人在徐州县城开了一家美甲店,虽然收入不高,但日子过得也算开开心心。因为要还信用卡,小史的妻子通过一款手机 App 贷了 2500 块钱,可实际到款却只有 1950 元,余下的 550 元属于服务费和利息,还款周期是一个星期。一个星期后,因为没有多余的钱归还,原先的 App 平台向小史的妻子推荐了另外两个 App 平台,让她从这两个平台上借钱把之前的 2500 元还上。借款流程也十分简单,只需填上自己的姓

名、身份证号，通过人脸识别就可以直接贷款。小史的妻子下载了之后，又贷出款来还之前欠的钱，就这样她下载了一个又一个网贷App，所贷金额越来越大。小史的妻子先后下载了30多个网贷App，专门用于借款和还款，拆东墙补西墙。在短短一个月的时间里，夫妻俩已经千方百计地还了4万多元，目前依然还有4万多元欠款未还清。一开始借款2500元，一个月后演变为还有4万多元没还清。

本案例中，小史夫妻俩遭遇的这种贷款基本可以判断为国家严打的"套路贷"：一般要求7天到14天归还贷款金额，周利息达到了惊人的20%到30%，年利息甚至可能是本金的十几倍，远远高于受国家保护的36%的年利息，严重违法。因此，遭遇"套路贷"应及时向公安机关报警并暂停还款。

法条链接：

《民法典》第六百八十条：禁止高利放贷，借款的利率不得违反国家有关规定。

借款合同对支付利息没有约定的，视为没有利息。

借款合同对支付利息约定不明确，当事人不能达成补充协议的，按照当地或者当事人的交易方式、交易习惯、市场利率等因素确定利息；自然人之间借款的，视为没有利息。

61. 发包人未支付工程价款的，承包人如何寻求救济？

答：为了切实解决拖欠工程款的问题，保障承包人价款债权的实现，承包人可以催告发包人在合理期限内支付价款。发包人逾期不支付的，除根据建设工程的性质不宜折价、拍卖的外，承包人可以与发包人协议将该工程折价，也可以请求人民法院将该工程依法拍卖。建设工程的价款就该工程折价或者拍卖的价款优先受偿。

案例：甲公司与乙公司签订建筑承包合同，甲公司按照合同约定的时间和要求完成工程建设，交付工程，但发包人乙公司在工程竣工验收后一再拖欠工程款。由于承包人甲公司需要支付工人工资等，所以甲公司以扣押、拒绝交付建设工程的方式对抗发包人乙公司。

本案例中，在面对发包人乙公司拖欠工程款的情况时，承包人甲公司应当通过行使其建设工程优先权的形式进行权利救济。若已丧失行使优先权的条件或该工程属于不宜行使优先权的对象，则应及时提起诉讼，而不能直接采取扣押、留置等方式拒绝交付建设工程；若强行为之，则属于严重违约行为，须承担相应的民事法律责任。

法条链接：

《民法典》第八百零七条：发包人未按照约定支付价款的，承包人可以催告发包人在合理期限内支付价款。发包人逾期不支付的，除根据建设工程的性质不宜折价、拍卖外，承包人可以与发包人协议将该工程折价，也可以请求人民法院将该工程依法拍卖。建设工程的价款就该工程折价或者拍卖的价款优先受偿。

62. 在高铁或动车上发生"霸座"问题，承运人应如何处理？

答：旅客"霸座"现象频频在各种媒体上曝光，引发社会各界广泛关注。针对这一问题，《民法典》第815条第1款明确规定，旅客应当按照有效客票记载的时间、班次和座位号乘坐。旅客违背上述规定的情形主要包括以下几种：（1）无票乘坐。即旅客未购买车票而乘坐的行为。（2）越级乘坐。即旅客自行乘坐超过客票指定等级的席位，如在海上旅客运输合同中，旅客买的是四等舱的客票，但其在船上自行占用了三等舱的席位。（3）超程乘坐。即旅客自行乘运的到达地超过了客票指定的目的地，例如在铁路运输中，旅客购买的客票上的目的地是长沙，而该旅客却持该客票越过长沙坐到了广州。（4）持不符合减价条件的优惠客票乘坐。即旅客不符合国家规定或者承运人确定的可以以优惠价格购买客票的减价条件，仍持该客票乘运，比如旅客已经不是学生，仍借用别人的学生证或者持已过期的学生证购买学生票。出现上述情形之一的，旅客应当补交票款，承运人可以按照规定加收票款；旅客不支付票款的，承运人可以拒绝运输。

案例：旅客钱某购买了2021年1月9日08时从济南到上海的车票。钱某乘车后，没有按照客票记载的座位号乘坐，而是自由选择，并与本应乘坐该座位号的乘客发生冲突。

本案例中，钱某不按照有效客票记载的座位号乘坐，其行为属于"霸座"。列车乘务员应当对钱某进行教育，规劝钱某到客票记载的座位号乘坐。

法条链接：

《民法典》第八百一十五条第一款：旅客应当按照有效客票记载的时间、班次和座位号乘坐。旅客无票乘坐、超程乘坐、越级乘坐或者持不符合减价条件的优惠客票乘坐的，应当补交票款，承运人可以按照规定加收票款；旅客不支付票款的，承运人可以拒绝运输。

63. 承运人需要对运输过程中旅客的伤亡承担责任吗？免票、持优待票或者经承运人许可搭乘的无票旅客，其在运输过程中伤亡的，承运人要承担赔偿责任吗？

答：承运人在旅客运输活动中承担无过错责任，也就是说，承运人即使在没有过错的情况下，也应当承担损害赔偿责任。但是，伤亡是旅客自身健康原因造成的或者承运人证明伤亡是旅客故意、重大过失造成的除外。

免票、持优待票或者经承运人许可搭乘的无票旅客享有与普通旅客相同的权利，其在运输过程中伤亡的，承运人同样要承担赔偿责任。

案例：甲从事中短途客运，甲与乙是同乡，私人关系不错。某日，经甲许可，乙没有购买车票就乘坐了客车。途中发生车祸，乙受伤，经鉴定为一级伤残。乙要求甲赔偿，甲不同意。甲认为乙没有购买车票，没有支付对价，不应对其进行赔偿。

本案例中，根据《民法典》第823条第2款的规定，承运人应当对运输过程中旅客的伤亡承担赔偿责任，包括免票、持优待票或者经承运人许可搭乘的无票旅客。因此，甲应当为乙的伤残承担赔偿责任。

法条链接：

《民法典》第八百二十三条：承运人应当对运输过程中旅客的伤亡承担赔偿责任；但是，伤亡是旅客自身健康原因造成的或者承运人证明伤亡是旅客故意、重大过失造成的除外。

前款规定适用于按照规定免票、持优待票或者经承运人许可搭乘的无票旅客。

64. 货运合同中，承运人能否行使留置权？承运人行使留置权需要注意哪些事项？

答： 托运人或者收货人不支付运费、保管费或者其他费用的，承运人对相应的运输货物享有留置权，但是当事人另有约定的除外。承运人在行使留置权时，应当注意下列事项：（1）除法律另有规定外，承运人可以自行留置货物，不必通过法定程序留置货物。（2）"对相应的运输货物"的留置，包括两层含义：一是对于可分的货物，承运人留置的货物应当合理和适当，其价值应包括未支付的运费、保管费、其他运输费用以及可能因诉讼产生的费用，而不能留置过多的货物。当然，如果承运人根本就没有获得任何费用，其也可以对全部货物行使留置权。二是对于不可分的货物，承运人可以对全部货物进行留置，即使承运人已取得了大部分运费、保管费以及其他运输费用。（3）"但当事人另有约定的除外"，包括两层含义：一是如果当事人在合同中约定，即使在运费、保管费或者其他运输费用没有付清的情况下，承运人也不能留置货物的，承运人就不能留置货物。二是如果托运人或者收货人提供了适当的担保，则承运人也不能留置货物。

案例： 甲公司与乙公司签订货运合同，由甲公司承运乙公司的机械设备一宗。甲公司按照合同约定方式、时间将货物送达乙公司指定的地点，但乙

公司迟迟未支付运费。经多次催告，乙公司还是未能支付，于是甲公司对其承运的乙公司的机械设备进行留置。乙公司认为由于甲公司的留置致使机械设备未能按时安装，影响了自己建筑工程的进度，造成工程延期交付，要求甲公司赔偿。

　　本案例中，根据《民法典》第863条的规定，托运人或者收货人不支付运费、保管费或者其他费用的，承运人对相应的运输货物享有留置权，但是当事人另有约定的除外。因此，由于甲公司与乙公司没有特别约定，因此甲公司有权对乙公司的机械设备进行留置。

　　法条链接：

　　《民法典》第八百三十六条：托运人或者收货人不支付运费、保管费或者其他费用的，承运人对相应的运输货物享有留置权，但是当事人另有约定的除外。

65. 物业服务合同一般包含哪些条款？对合同形式有什么要求？

　　答：物业服务合同是指物业服务人在物业服务区域内，为业主提供建筑物及其附属设施的维修养护、环境卫生和相关秩序的管理维护等物业服务，业主支付物业费的合同。其中，物业服务人包括物业服务企业和其他管理人。物业服务合同应当采用书面形式订立。物业服务合同的内容一般包括如下条款：

（1）服务事项。例如，妥善维修、养护、清洁、绿化和经营管理物业服务区域内的业主共有部分，维护物业服务区域内的基本秩序等。

（2）服务质量。例如，合同约定物业服务人每年须对小区内的电梯进行 1 次检修、小区门必须每天 24 小时有 2 名以上保安值守等。

（3）服务费用的标准和收取办法。物业费的收取主要有两种方式，即包干制和酬金制。

（4）维修资金的使用。维修资金，也可称为"公共维修资金"或者"专项维修资金"，是指由业主缴纳的，专项用于物业服务区域内建筑物的共用部分、共用设施设备保修期满后的维修、更新和改造的资金，如电梯、单元门等共有部分的维修费用。

（5）服务用房的管理和使用。物业服务用房是指物业服务人为业主提供物业服务而使用的房屋。

（6）服务期限。服务期限是指双方当事人在物业服务合同中约定的由物业服务人提供物业服务的期限。

（7）服务交接等条款。

案例：红云社区属于老旧小区，物业服务质量差，服务不到位，居民怨声载道，意见较大，业主就联合起来想换掉该物业公司。小区居民通过调查发现，小区的物业公司服务质量差的主要原因竟然是小区的业主委员会没有通过竞标投标程序选聘物业公司，也没有与物业公司签订书面物业服务合同，只对服务事项、服务质量、服务费用的标准和收取办法等进行口头约定。因此，小区居民向业主委员会提出，应当与物业公司签订书面物业服务合同，并对服务事项、服务质量等进行书面约定。

本案例中，根据《民法典》第 937 条、第 938 条的规定，小区居民的诉求合理合法，应当予以支持。

法条链接：

《民法典》第九百三十七条：物业服务合同是物业服务人在物业服务区域内，为业主提供建筑物及其附属设施的维修养护、环境卫生和相关秩序的管理维护等物业服务，业主支付物业费的合同。

物业服务人包括物业服务企业和其他管理人。

第九百三十八条：物业服务合同的内容一般包括服务事项、服务质量、服务费用的标准和收取办法、维修资金的使用、服务用房的管理和使用、服务期限、服务交接等条款。

物业服务人公开作出的有利于业主的服务承诺，为物业服务合同的组成部分。

物业服务合同应当采用书面形式。

66. 物业服务承诺是物业服务合同的组成部分吗？

答：《民法典》第938条第2款规定，物业服务人公开作出的有利于业主的服务承诺，为物业服务合同的组成部分。物业服务承诺，是指物业服务人为保证物业服务的质量和效益，向全体业主公开作出的有关物业服务内容和标准的单方意思表示。实践中，物业服务人会在其宣传中公开作出某种服务承诺，以吸引业主选其作为物业服务人，或者在提供物业服务的过程中作出某种承诺，以提高服务质量和业主满意度，事实上这经常成为业主选聘物业服务人的重要依据。

案例：金泰花园小区的业主委员会与舜发物业公司签订物业服务合同，合同约定服务期限为两年。在合同履行的第二年，舜发物业公司为了能与金泰花园小区的业主委员会继续签订服务合同，向全体业主作出承诺：舜发物业公司每天增加一次清扫楼梯业务，但不增加物业费。

本案例中，舜发物业公司的该承诺是物业服务合同的组成部分，若舜发物业公司不履行该承诺，就构成违约。

法条链接：

《民法典》第九百三十八条第二款：物业服务人公开作出的有利于业主的服务承诺，为物业服务合同的组成部分。

67. 物业服务人可以转委托吗？有什么限制条件？

答： 物业服务人可以将物业服务区域内的部分专项服务事项委托给专业性服务组织或者其他第三人，但应当就该部分专项服务事项向业主负责。此外，物业服务人不得将其应当提供的全部物业服务转委托给第三人，或者将全部物业服务支解后分别转委托给第三人。

案例： 物业服务公司甲与丁小区业主委员会签订物业服务合同，但甲担心自己的安保、保洁工作不够专业，于是委托保安公司乙专门负责小区的安保工作，委托保洁公司丙负责小区内的保洁工作。丁小区的业主得知后，认为甲违反了物业合同的约定。

本案例中，甲可以将安保、保洁专项事务委托给乙与丙，但甲不得将全部物业服务转委托给第三人，或者支解后分别转委托给第三人，并且甲还应当就该部分专项服务事项向业主负责，并不是一托了事。业主之所以选中某家物业公司，是因为看中了这家物业公司的口碑和服务水准。如果允许该物业公司将其承担的物业服务随意转让他人，则将极大地损害业主的权益。所以，为了维护业主的合法权益，并向业主提供更优质、更高效的服务，同时规范物业服务人的行为，提升物业服务质量，物业服务人可以将物业服务区域内的部分专项服务事项委托给专业性服务组织或者其他第三人。

法条链接：

《民法典》第九百四十一条：物业服务人将物业服务区域内的部分专项服务事项委托给专业性服务组织或者其他第三人的，应当就该部分专项服务事项向业主负责。

物业服务人不得将其应当提供的全部物业服务转委托给第三人，或者将全部物业服务支解后分别转委托给第三人。

68. 物业服务合同未到期，业主可以解除物业服务合同吗？

答： 单个业主是不能行使解除权的，必须由全体业主依照法定程序共同决定解聘物业服务人，才能解除物业服务合同。

业主解除物业服务合同需要注意以下几点：

（1）适格的主体。业主并非单个业主，而是指全体业主。（2）按照法定程序进行。法定程序，即通过业主大会的形式。（3）对参与表决和同意的业主数量有所要求。即应当由专有部分面积占比 2/3 以上的业主且人数占比 2/3 以上的业主参与表决，并经参与表决专有部分面积过半数的业主且参与表决人数过半数的业主同意。（4）提前告知。业主最终决定解聘的，应当提前 60 日书面通知物业服务人，但是合同对通知期限另有约定的除外。（5）存在赔偿损失的风险。业主行使解除权解除合同造成物业服务人损失的，除不可归责于业主的事由外，应当赔偿物业服务人的损失。

案例： 福隆小区的业主一直对该小区物业公司甲的服务质量不满意，认为该物业公司在维修、养护、清洁、绿化和经营管理物业服务区域内的业主共有部分方面没有尽职尽责，造成小区环境脏乱差。由于与甲的合同期限还未届满，因此该小区的全体业主召开业主大会，经专有部分面积占比 2/3 以上的业主且人数占比 2/3 以上的业主参与表决，并经参与表决专有部分面积过半数的业主且参与表决人数过半数的业主同意后，一致决定解聘甲。

本案例中，福隆小区的业主与甲解除物业服务合同的条件与程序符合法律规定，可以依法解除，但业主应当提前60日书面通知甲，若因小区业主行使解除权解除合同造成甲损失的，除不可归责于业主的事由外，还应当赔偿物业服务人甲的损失。

法条链接：

《民法典》第九百四十六条：业主依照法定程序共同决定解聘物业服务人的，可以解除物业服务合同。决定解聘的，应当提前六十日书面通知物业服务人，但是合同对通知期限另有约定的除外。

依据前款规定解除合同造成物业服务人损失的，除不可归责于业主的事由外，业主应当赔偿损失。

69. 什么情况下会形成不定期物业服务合同？

答：物业服务期限届满后，业主没有依法作出续聘或者另聘物业服务人的决定，物业服务人继续提供物业服务的，原物业服务合同继续有效，但是服务期限为不定期。当事人可以随时解除不定期物业服务合同，但是应当提前60日书面通知对方。

案例：甲物业服务公司与乙小区业主委员会签订了物业服务合同，该物业服务合同约定的服务期限为1年，该物业服务合同约定的服务期限届满后，甲物业服务公司继续提供物业服务。

本案例中，如果乙小区业主没有依法作出续聘或者另聘物业服务人的决定，乙小区的物业将处于无人管理的状态，这将影响到全体业主的正常生活，损害全体业主的共同利益。此时，甲物业服务公司基于诚信原则，从保护全体业主共同利益的角度出发，继续为乙小区业主提供物业服务，原物业服务合同继续有效，只是服务期限变为不定期，由此形成不定期物业服务合同。此时，甲乙双方当事人都可以随时解除物业服务合同，只需要提前60日书面通知对方即可。

法条链接：

《民法典》第九百四十八条：物业服务期限届满后，业主没有依法作出续聘或者另聘物业服务人的决定，物业服务人继续提供物业服务的，原物业服务合同继续有效，但是服务期限为不定期。

当事人可以随时解除不定期物业服务合同，但是应当提前六十日书面通知对方。

70. 无因管理中，受益人追认会产生什么法律效果？

答： 管理人管理事务开始后，一旦受益人追认，则管理人与受益人之间的权利义务法律关系就由无因管理制度调整转变为由委托合同制度来调整，双方均应按《民法典》合同编委托合同的规定履行各自的义务，享受各自的权利。受益人的追认具有溯及既往的效力，即一旦受益人事后对管理人的管理事务进行追认，从管理人开始管理事务时起，双方当事人就应当按照委托合同的规定履行义务。

案例： 甲和乙都是红云村的畜牧养殖大户，因甲注重信誉，牛羊品质好，享有较好声誉。甲、乙两家的养殖场仅一墙之隔，甲的养殖场位于大院东部，乙的养殖场位于大院西部，两家共用大院的大门。一天，甲的客户丙来订购20只羊，因甲的雇工刚来，走错了羊圈门，将乙的20只羊订购给丙，丙要求5天后将羊运走，这5天羊由甲饲养，草料费由丙承担。第三天，甲来到养殖场，发现雇工弄错了，甲急忙将此事告知乙和丙，丙表示他对这20只羊的品质满意，买卖合同不变。乙同意甲对20只羊的处分，并补偿甲5天的草料费，原买卖合同不变更，由甲继续履行。

本案例中，甲与乙的权利义务法律关系由无因管理制度调整转变为由委托合同制度来调整，甲与乙应签订委托合同，按照委托合同的规定履行义务。

法条链接：

《民法典》第九百八十四条：管理人管理事务经受益人事后追认的，从管理事务开始时起，适用委托合同的有关规定，但是管理人另有意思表示的除外。

71. 什么是不当得利？

答：不当得利，是指没有法律根据取得不当利益，造成他人损失的情形。不当得利制度对民事主体之间的财产流转关系有调节作用，目的在于恢复民事主体之间在特定情形下所发生的非正常的利益变动。根据《民法典》第985条之规定，得利人没有法律根据取得不当利益的，受损失的人可以请求得利人返还取得的利益。但属于为履行道德义务进行的给付、债务到期之前的清偿和明知无给付义务而进行的债务清偿三种情形之一的，受损失的人不可以请求得利人返还取得的利益。

案例：李某受朋友孙某委托，替他归还信用卡欠款5万元，但李某在输入孙某的卡号时，误将其中两位数字颠倒，导致5万元被转入一陌生人的账户。后经了解，该账户为连江居民陈某所有。本案例中，陈某若不归还这5万元，其行为就构成不当得利。

法条链接：

《民法典》第九百八十五条：得利人没有法律根据取得不当利益的，受损失的人可以请求得利人返还取得的利益，但是有下列情形之一的除外：

（一）为履行道德义务进行的给付；

（二）债务到期之前的清偿；

（三）明知无给付义务而进行的债务清偿。

72. 善意得利人返还义务的免除有哪些适用条件？

答：善意得利人免除返还义务的适用条件有两项：（1）得利人为善意。这里的"善意"是指得利人非因过失不知没有法律根据。（2）取得的利益已经不存在。对于善意得利人，其取得的利益已经不存在的，不承担返还该利益的义务。

案例：甲和乙是朋友，某天晚上，两人同时到某酒店就餐。在餐厅吃饭时，服务员误将他人点的一道"佛跳墙"（价格为 600 元）端到甲的餐桌上。甲见状未声张，且将此菜赠送给乙；乙不知情，就将此菜吃掉。本案例中，乙的行为就符合善意得利人免除返还义务的情形。

法条链接：

《民法典》第九百八十六条：得利人不知道且不应当知道取得的利益没有法律根据，取得的利益已经不存在的，不承担返还该利益的义务。

第四讲
人格权

73. 人格权主要包括哪些权利？

答：《民法典》第990条规定，人格权是民事主体享有的生命权、身体权、健康权、姓名权、名称权、肖像权、名誉权、荣誉权、隐私权等权利。除前款规定的人格权外，自然人享有基于人身自由、人格尊严产生的其他人格权益。第991条规定，民事主体的人格权受法律保护，任何组织或者个人不得侵害。《民法典》把人格权首次单独成编，体现了我国法律对于公民人格权的重视。人格权受到法律的保护，任何组织和个人应当尊重他人的人格权，不得实施侵害他人人格权的行为。在人格权受到侵害时，权利人有权要求对方采取停止侵害、排除妨碍、损害赔偿等措施。

案例：市民刘大妈去超市购物，结完账走到超市出口，这时，超市出口的防盗设备响起。超市工作人员上前查看，刘大妈表示买的物品都已经结账。超市工作人员让刘大妈连续多次测试，防盗设备每次都响。超市工作人员认为刘大妈一定把物品藏到身上了，于是强行搜身，但没搜出任何物品。刘大妈非常气愤，遂报了警。警察到现场后，发现防盗设备响起是刘大妈戴的一款保健项链造成的。

本案例中，超市工作人员强行搜身侵犯了刘大妈的人格权，刘大妈有权要求该超市承担相应的民事责任。

法条链接：

《民法典》第九百九十条：人格权是民事主体享有的生命权、身体权、健康权、姓名权、名称权、肖像权、名誉权、荣誉权、隐私权等权利。

除前款规定的人格权外，自然人享有基于人身自由、人格尊严产生的其他人格权益。

第九百九十一条：民事主体的人格权受法律保护，任何组织或者个人不得侵害。

74. 人格权可以放弃、转让或者继承吗？

答：人格权具有专属性，不可以放弃、转让或者继承。人格权是民事主体在社会生活中不可缺失的权利，如生命权、身体权等人格权与主体资格具有密切的联系，允许权利人放弃人格权将使主体资格无法存续，且与社会公序良俗相违背。因此，法律规定人格权不得放弃，同时法律也规定人格权不得转让或者继承。

案例：公民甲想成为"网红"，为博眼球、蹭流量，甲在各大网站上以公告的方式宣布放弃自己的隐私权，声称可以360度无死角地展示自己的私生活。

本案例中，公民甲的这种行为在法律上是没有效力的，并且与社会公序良俗相违背，有关部门应依法予以制止。

法条链接：

《民法典》第九百九十二条：人格权不得放弃、转让或者继承。

75. 死者的人格利益受法律保护吗？保护死者的人格利益，应当注意哪些方面的事项？

答：受法律保护。《民法典》第994条规定，死者的姓名、肖像、名誉、荣誉、隐私、遗体等受到侵害的，其配偶、子女、父母有权依法请求行为人承担民事责任；死者没有配偶、子女且父母已经死亡的，其他近亲属有权依法请求行为人承担民事责任。

自然人死亡之后，其民事权利能力消灭，因此不再享有包括人格权在内的民事权利。但是，死者的人格利益仍然存在，并受到法律的保护。在实践中，保护死者的人格利益，应当注意以下两个方面：第一，死者人格利益保护的范围包括姓名、肖像、名誉、荣誉、隐私以及遗体等；第二，死者人格利益的保护人包括死者的配偶、子女、父母及其他近亲属。在死者的人格利益受到侵害时，死者的配偶、子女、父母有权依法请求行为人承担民事责任；死者没有配偶、子女且父母已经死亡的，其他近亲属有权依法请求行为人承担民事责任。

案例：公民甲生前是一位道德模范，在当地享有较高的声誉。甲去世后，甲的儿子乙与邻居丙因装修房屋发生纠纷。丙为了泄私愤，在网络上散布甲是伪道德模范，许多事迹是虚构的等言论，使甲的形象受到较大损害。甲的名誉受到毁损，社会评价降低。

本案例中，甲虽已经去世，但其人格利益仍受法律保护。甲的配偶有权要求丙停止侵害、排除妨碍、消除危险、消除影响、恢复名誉、赔礼道歉。若丙不停止侵害行为，甲的配偶可以向法院提起诉讼，依法请求行为人承担民事责任。

法条链接：

《民法典》第九百九十四条：死者的姓名、肖像、名誉、荣誉、隐私、遗体等受到侵害的，其配偶、子女、父母有权依法请求行为人承担民事责任；死者没有配偶、子女且父母已经死亡的，其他近亲属有权依法请求行为人承担民事责任。

76. 人格权受到侵害的，受害人行使请求权适用诉讼时效的规定吗？

答： 基于人格权被侵害产生的停止侵害、排除妨碍、消除危险、消除影响、恢复名誉、赔礼道歉请求权的实质是人格权受到侵害后，为恢复人格权的圆满状态产生的人格权请求权，该六项请求权虽均不具有直接的财产利益，但关系到人格尊严、生存利益和社会的伦理道德等，对维持人格完整性至关重要。因此，人格权受到侵害的，受害人行使请求权不适用诉讼时效，这能够更好地保护受害人的人格权。

案例： 刘某因患皮肤病，到甲皮肤专科医院就诊。经过诊治，刘某的皮肤病基本痊愈。甲皮肤专科医院为了扩大宣传效果，提高医院的知名度，增强可信度，将刘某在该院治疗的图片配上刘某因吸毒患上皮肤病的文字，在

未经过我同意，医院用我的形象做广告，侵犯了我的人格权，我要起诉他们。

当地的电视台轮番播出。刘某的朋友、邻居看到后对刘某指指点点，使刘某的名誉受到极大毁损，严重影响了刘某的生活。

本案例中，甲皮肤专科医院侵害了刘某的人格权。刘某可以向法院提起诉讼，要求甲皮肤专科医院停止侵害、排除妨碍、消除危险、消除影响、恢复名誉、赔礼道歉，该请求权不适用诉讼时效的规定。

法条链接：

《民法典》第一百八十八条：向人民法院请求保护民事权利的诉讼时效期间为三年。法律另有规定的，依照其规定。

诉讼时效期间自权利人知道或者应当知道权利受到损害以及义务人之日起计算。法律另有规定的，依照其规定。但是，自权利受到损害之日起超过二十年的，人民法院不予保护，有特殊情况的，人民法院可以根据权利人的申请决定延长。

第一百九十六条：下列请求权不适用诉讼时效的规定：

（一）请求停止侵害、排除妨碍、消除危险；

（二）不动产物权和登记的动产物权的权利人请求返还财产；

（三）请求支付抚养费、赡养费或者扶养费；

（四）依法不适用诉讼时效的其他请求权。

第九百九十五条：人格权受到侵害的，受害人有权依照本法和其他法律的规定请求行为人承担民事责任。受害人的停止侵害、排除妨碍、消除危险、消除影响、恢复名誉、赔礼道歉请求权，不适用诉讼时效的规定。

77. 在人格权侵权案件中，同时主张违约责任和请求精神损害赔偿有冲突吗？

答： 没有冲突。因当事人一方违约而侵害对方人格权并造成严重的精神损害时，受害人可以在主张违约责任的同时请求精神损害赔偿。

案例： 市民刘女士非常注重自己的容貌。经朋友推荐，刘女士到某美容整形医院进行割双眼皮、开眼角、面部提升、脂肪填充等美容综合项目，刘女士与该美容整形医院签订了医疗美容合同。在医疗美容合同的履行过程中，因医务人员的过错，致刘女士毁容。

本案例中，刘女士除了可以向该美容整形医院主张违约责任外，还可以以身体权受侵害而遭受严重的精神痛苦为由，请求精神损害赔偿。

法条链接：

《民法典》第九百九十六条：因当事人一方的违约行为，损害对方人格权并造成严重精神损害，受损害方选择请求其承担违约责任的，不影响受损害方请求精神损害赔偿。

78. 公民可以决定无偿捐献自己的器官吗？

答： 可以。分两种情况，第一种情况是完全民事行为能力人自主决定无偿捐献其人体细胞、人体组织、人体器官、遗体，但需要同时满足两个条件：一是自愿。完全民事行为能力人应自愿决定是否捐献，任何组织或者个人不得强迫、欺骗、利诱其捐献。二是采取法定形式要件。可以采用订立书面捐献器官（或人体细胞、人体组织、遗体）申请书或其他书面形式，也可以采用订立遗嘱的方式表达捐献意愿。第二种情况是如果自然人生前未表示不同意捐献，该自然人死亡后，其配偶、成年子女、父母可以共同决定捐献，决定捐献也应当采用书面形式。

案例： 公民甲与妻子乙夫妻关系好，相敬如宾。某年一整年，甲感到身体乏力，并伴有低烧症状。在妻子乙的催促下，甲去医院检查后发现，其患有急性肾炎，双肾高度坏死。经向医生咨询，医生建议甲最好是换肾，否则只能靠透析延续生命。妻子乙决定将自己的一个肾捐给甲。经化验、配型，乙完全符合换肾要求，于是乙与医院签订合同。

本案例中，乙是完全民事行为能力人，有权依法自主决定无偿捐献自己人体器官，所以妻子乙将自己的肾捐给丈夫甲的行为符合法律的规定。

法条链接：

《民法典》第一千零六条：完全民事行为能力人有权依法自主决定无偿捐献其人体细胞、人体组织、人体器官、遗体。任何组织或者个人不得强迫、欺骗、利诱其捐献。

完全民事行为能力人依据前款规定同意捐献的，应当采用书面形式，也可以订立遗嘱。

自然人生前未表示不同意捐献的，该自然人死亡后，其配偶、成年子女、父母可以共同决定捐献，决定捐献应当采用书面形式。

79. 人体细胞、人体组织、人体器官、遗体可以买卖吗？

答： 不可以，我国法律禁止以任何形式买卖人体细胞、人体组织、人体器官、遗体。买卖人体细胞、人体组织、人体器官、遗体的行为在民事上应被认定为无效，在刑事上可能构成组织出卖人体器官罪、故意伤害罪、侮辱尸体罪等犯罪。

案例：小夏的家庭不富裕，小夏看到周围的朋友使用奢侈品，出入娱乐高档场所，甚是羡慕，可小夏每月只有 3000 多元的工资收入，刚够解决温饱问题。一个偶然的机会，小夏与买卖人体器官的中介王某相识，得知一个肾可以卖 5 万元。小夏认为卖一个肾不会影响身体健康。于是，小夏和买卖人体器官中介王某签订肾买卖合同。后来，由于公安机关严厉打击买卖人体器官的行为，一举将王某所在的买卖人体器官公司端了窝，小夏和王某签订的肾买卖合同没有履行。

本案例中，小夏和王某签订的肾买卖合同是无效的。如果此合同已经履行，王某的行为在刑事上构成组织出卖人体器官罪。

法条链接：

《民法典》第一千零七条：禁止以任何形式买卖人体细胞、人体组织、人体器官、遗体。

违反前款规定的买卖行为无效。

80. 进行人体临床试验需要满足哪些条件？

答：临床试验是医学发展中的重要环节。考虑到临床试验涉及公民身体权和健康权的保护，《民法典》规定进行临床试验需要满足以下条件：

（1）临床试验的目的是研制新药、医疗器械或者发展新的预防和治疗方法；（2）依法经相关主管部门批准并经伦理委员会审查同意；（3）向受试者或者受试者的监护人告知试验目的、用途和可能产生的风险等详细情况，并经其书面同意；（4）不得向受试者收取试验费用。

案例：为了研制新冠肺炎疫苗，疫苗研发机构甲需要招募志愿者进行临床试验。本案例中，甲可以招募志愿者进行临床试验，但甲必须依法经相关主管部门批准并经伦理委员会审查同意，取得合法手续后，才可招募受试者，并向受试者或者受试者的监护人告知试验目的、用途和可能产生的风险等详细情况，签订书面合同，否则不得进行人体临床试验。若未履行以上相关手续就已经开展，要承担相应的法律责任。

法条链接：

《民法典》第一千零八条：为研制新药、医疗器械或者发展新的预防和治疗方法，需要进行临床试验的，应当依法经相关主管部门批准并经伦理委员会审查同意，向受试者或者受试者的监护人告知试验目的、用途和可能产生的风险等详细情况，并经其书面同意。

进行临床试验的，不得向受试者收取试验费用。

81. 如何认定行为构成性骚扰？遇到性骚扰时应如何寻求救济？

答：认定性骚扰的关键是是否"违背他人意愿"，具体而言，他人表示厌恶、反感、明确拒绝、警告或以反抗行为表示拒绝，都可以认定为"违背他人意愿"；性骚扰的方式包括言语、文字、图像、肢体行为等，如使用淫秽语言、发送黄色短信等。近些年，"性骚扰"事件经常见诸报端，特别是校园里发生的性骚扰事件更是因涉及未成年人的权益保护而备受关注。

遇到性骚扰的受害人有权要求行为人承担民事责任；机关、企业、学校等单位有义务采取合理的预防、受理投诉、调查处置等措施，防止和制止利用职权、从属关系等实施性骚扰。需要特别指出的是，性骚扰的受害人不仅局限于女性，男性同样受《民法典》相关规定的保护。

　　案例： 于某系某网络公司的财务主管，孙某是于某的女下属。于某与孙某接触较多，经常借工作之便，以语言、肢体行为等方式骚扰孙某，直至孙某忍无可忍，对其举报。事发后，公司与于某进行谈话，并查看监控，以于某对下属女职工多次进行言语、肢体骚扰和侮辱为由与于某解除劳动合同。

　　本案例中，于某利用工作之便骚扰、侮辱女同事，在公司事后的调查谈话录音中于某虽否认存在这些行为，但在有当事人孙某的陈述和监控录像等证据相互佐证的情况下，于某的行为构成性骚扰，受害人孙某有权依法请求于某承担民事责任。

　　法条链接：

　　《民法典》第一千零一十条：违背他人意愿，以言语、文字、图像、肢体行为等方式对他人实施性骚扰的，受害人有权依法请求行为人承担民事责任。

　　机关、企业、学校等单位应当采取合理的预防、受理投诉、调查处置等措施，防止和制止利用职权、从属关系等实施性骚扰。

82. 父母给子女起名，可以随意任性吗？

答： 公民起名并不能随意任性。一般情况下，自然人应当随父姓或者母姓。但考虑现实生活中存在的特殊情况，《民法典》规定有下列情形之一的，可以在父姓和母姓之外选取姓氏：（1）选取其他直系长辈血亲的姓氏。例如，为纪念外婆使用外婆的姓氏。（2）因由法定扶养人以外的人扶养而选取扶养人姓氏。（3）有不违背公序良俗的其他正当理由。例如，父母再婚后，继子女改为继父的姓氏。

此外，少数民族自然人的姓氏可以遵从本民族的文化传统和风俗习惯。

案例： 吕先生给女儿起了一个既不随父姓也不随母姓的名字"北雁云依"，不料办理户口登记时，当地派出所以不符合办理户口登记条件为由而拒绝办理。吕先生不服气，向地方人民法院提起诉讼。法院经审理认为，在父母、其他直系长辈血亲、法定扶养人以外的其他扶养人姓氏之外选取其他姓氏有两个必备要件：一是不违背公序良俗，二是存在正当理由。

本案例中，原告"北雁云依"的父母自创"北雁"为姓氏、选取"北雁云依"为姓名给女儿办理户口登记的理由是：女儿的姓名"北雁云依"四个字，取自四首著名的中国古典诗词，寓意父母对女儿的美好祝愿。吕先生仅凭个人喜好、愿望创设姓氏，其行为具有明显的随意性，会造成对传统文化和伦理观念的冲击，违背社会风俗和伦理道德的要求，也不利于维护社会秩序和实现社会的良性管控。吕先生给女儿起了一个既不随父姓也不随母姓的名字"北雁云依"，其中作为姓氏的"北雁"，不在孩子的父亲、母亲或其他直系长辈血亲或扶养人的姓氏之列，也没有用作姓氏的正当理由，所以"北雁云依"就不符合作为办理户口登记姓名的要件。最终，法院驳回原告吕先生要求确认被告当地派出所拒绝以"北雁云依"为姓名办理户口登记行为违法的诉讼请求。

法条链接：

《民法典》第一千零一十五条：自然人应当随父姓或者母姓，但是有下列情形之一的，可以在父姓和母姓之外选取姓氏：

（一）选取其他直系长辈血亲的姓氏；

（二）因由法定扶养人以外的人扶养而选取扶养人姓氏；

（三）有不违背公序良俗的其他正当理由。

少数民族自然人的姓氏可以遵从本民族的文化传统和风俗习惯。

83. 网名、笔名、艺名等受到侵害，可以要求保护吗？

答： 笔名、艺名、网名、译名、字号、姓名和名称的简称等，如果满足"具有一定社会知名度"和"被他人使用足以造成公众混淆"这两个条件，权利人可以请求参照适用姓名权和名称权保护的有关规定加以保护。在现实生活中，某些具有影响力的笔名（如鲁迅）、艺名（如成龙）、网名（如 Papi 酱）等成为使用人身份的象征，具有一定的独特性和依附性，如果被冒用将会给使用人带来很大的损害，因此需要法律保护。

案例： 李某用网名"L老师"在某网络平台发布内容，成了拥有百万粉丝的"网红"。有一天，李某发现王某用和他一样的网名在另一网络平台发布内容，并且根据评论区的内容得知，很多网友以为这就是李某本人的账号，而王某也一直没向网友们说明真实情况。李某表示，王某有盗用自己网名圈粉并牟取利益的嫌疑。本案例中，李某的网名"L老师"受法律保护，王某的行为构成侵权。

法条链接：

《民法典》第一千零一十七条：具有一定社会知名度，被他人使用足以造成公众混淆的笔名、艺名、网名、译名、字号、姓名和名称的简称等，参照适用姓名权和名称权保护的有关规定。

84. 自然人的声音受法律保护吗？

答：自然人的声音受法律保护。声音作为一种人格标识，具有表征个人、许可他人使用的功能。《民法典》第1023条第2款规定自然人的声音受法律保护，以充分肯定声音的价值，并且对自然人声音的保护参照适用肖像权保护的有关规定，为自然人声音保护的可操作性提供了依据。

案例：著名播音员章某的声音深沉优美，被广大观众认可，在全国拥有上千万粉丝。某文化产品公司甲看中章某的影响力，与其签订合同，请章某录制唐诗300首，录音产品畅销全国。乙公司未经章某和甲公司的同意，在其制作的中小学生有声读物中使用章某为甲公司录制的录音。本案例中，乙公司的行为侵犯了章某的声音权。

法条链接：

《民法典》第一千零二十三条：对姓名等的许可使用，参照适用肖像许可使用的有关规定。

对自然人声音的保护，参照适用肖像权保护的有关规定。

85. 新闻报道影响了名誉权，可以完全免责吗？

答：一般情况下，行为人为公共利益实施新闻报道、舆论监督等行为，影响他人名誉的，不承担民事责任，但在下列特殊情形下要承担民事责任：

（1）捏造、歪曲事实；

（2）对他人提供的严重失实内容未尽到合理核实义务；

（3）使用侮辱性言辞等贬损他人名誉。

认定行为人是否尽到上述第（2）项规定的合理核实义务，应当考虑下列因素：

（1）内容来源的可信度；

（2）对明显可能引发争议的内容是否进行了必要的调查；

（3）内容的时限性；

（4）内容与公序良俗的关联性；

（5）受害人名誉受贬损的可能性；

（6）核实能力和核实成本。

案例： 某新闻单位记者甲依据消费者刘某的投诉，对厂家乙的产品进行采访报道，对经营者李某的服务质量进行批评，新闻报道内容基本属实，没有侮辱性内容。

本案例中，该新闻单位不应当承担民事责任。但是为公共利益实施新闻报道、舆论监督等行为并非不受任何限制，如果行为人存在捏造、歪曲事实，对他人提供的严重失实内容未尽到合理核实义务，使用侮辱性言辞等贬损他人名誉的行为，就应当承担相应的民事责任。

法条链接：

《民法典》第一千零二十五条：行为人为公共利益实施新闻报道、舆论监督等行为，影响他人名誉的，不承担民事责任，但是有下列情形之一的除外：

（一）捏造、歪曲事实；

（二）对他人提供的严重失实内容未尽到合理核实义务；

（三）使用侮辱性言辞等贬损他人名誉。

第一千零二十六条：认定行为人是否尽到前条第二项规定的合理核实义务，应当考虑下列因素：

（一）内容来源的可信度；

（二）对明显可能引发争议的内容是否进行了必要的调查；

（三）内容的时限性；

（四）内容与公序良俗的关联性；

（五）受害人名誉受贬损的可能性；

（六）核实能力和核实成本。

86. 如何认定文学或艺术作品侵害了他人名誉权？

答：以真人真事或者特定人为描述对象的文学、艺术作品，如果包含侮辱、诽谤等内容，对被描述的对象名誉权有损害的，则构成侵害名誉权，受害人可以请求作者承担侵害名誉权的民事责任。但那些不以特定人为描述对象的文学、艺术作品，仅其中的情节与该特定人的情况相似，对特定人不会产生不利影响，为了保障创作自由，行为人不承担民事责任。

案例1：新锐作家李某以梁某为原型创作了人物传记《梁某财富积累大解密》，在对梁某财富积累的描述中使用了一些侮辱性词汇，造成梁某的社会评价降低，使梁某的社会公众形象受到了较大负面影响。本案例中，应当认定李某侵害了梁某的名誉权。

案例2：谢某出版了《财富传》，此书以150多位改革开放初期的企业家为模板，经过艺术加工，使读者了解了中国第一代先富起来的一群人的奋斗故事。本案例中，读者无法将经过艺术加工的文学人物与现实人物相联系，即使本书对书中的文学人物使用了一些侮辱性语言，含有诽谤的内容，谢某也无须承担民事责任。

法条链接：

《民法典》第一千零二十七条：行为人发表的文学、艺术作品以真人真事或者特定人为描述对象，含有侮辱、诽谤内容，侵害他人名誉权的，受害人有权依法请求该行为人承担民事责任。

行为人发表的文学、艺术作品不以特定人为描述对象，仅其中的情节与该特定人的情况相似的，不承担民事责任。

87. 民事主体发现自己的信用评价不当，有权提出异议吗？

答：有权提出异议。民事主体可以依法查询自己的信用评价；发现信用评价不当的，有权提出异议并请求采取更正、删除等必要措施。信用评价人应当及时核查，经核查属实的，应当及时采取必要措施。

案例：石某因被他人冒名从某 App 中贷款，导致他的信用评价出现异常。本案例中，石某依法查询自己的信用评价，发现自己的信用评价出现异常后，有权向信用评价人提出异议并请求采取更正、删除等必要措施。信用评价人也应当及时核查，经核查属实的，应当及时采取必要措施。

法条链接：

《民法典》第一千零二十九条：民事主体可以依法查询自己的信用评价；发现信用评价不当的，有权提出异议并请求采取更正、删除等必要措施。信用评价人应当及时核查，经核查属实的，应当及时采取必要措施。

88. 公民发现自己的个人信息有错误时，该怎么办？

答： 法律赋予自然人对其个人信息的知情同意权，以及以知情同意权为基础的查询权、复制权、更正权、删除权等在内的信息自主控制的权能。即自然人可以依法向信息处理者查阅或者复制其个人信息；发现信息有错误的，有权提出异议并请求及时采取更正等必要措施。自然人发现信息处理者违反法律、行政法规的规定或者双方的约定处理其个人信息的，有权请求信息处理者及时删除。

大爷，您的体检信息，随时可以来体检中心查询。

案例： 公民甲去某医院健康体检中心查体，体检中心根据检查情况生成关于甲的健康信息。

本案例中，甲的健康信息就是甲的个人信息。甲可以向体检机构查询自己的健康信息，有权复印健康信息；如果发现健康信息有错误的，有权要求更正；如果发现该体检机构擅自公开自己健康信息的，有权要求其及时删除。

法条链接：

《民法典》第一千零三十七条：自然人可以依法向信息处理者查阅或者复制其个人信息；发现信息有错误的，有权提出异议并请求及时采取更正等必要措施。

自然人发现信息处理者违反法律、行政法规的规定或者双方的约定处理其个人信息的，有权请求信息处理者及时删除。

89. 人肉搜索行为构成侵权吗？

答：人肉搜索作为网络时代新出现的一种搜索方式，是指利用人工参与来提纯搜索引擎所提供信息的一种机制，实际上就是通过其他人来搜自己搜不到的东西，与知识搜索的概念差不多，只是更强调搜索过程的互动而已。人肉搜索的出现使得公民的个人信息安全面临着更大的风险。随着大数据时代的到来，人们的支付信息、出行住店、日常行动轨迹、交通违章记录，甚至论坛发帖、微信朋友圈信息等都被大数据记录在案，一旦这些数据遭遇"人肉搜索"，往往给当事人带来巨大的麻烦。因此，我国《民法典》第 1034 条规定，自然人的个人信息受法律保护。人肉搜索行为侵犯到他人民事权益的，要依法承担相应的民事侵权责任，情节严重或造成严重后果的，还有可能要承担刑事责任。《中华人民共和国网络安全法》等法规也已将"人肉搜索"定性为一种违法和侵权行为。法治社会要用法治思维和方式解决问题，当我们的利益受到了侵害，应该依法维权而不是发起"人肉搜索"。

案例：高中生琪琪到某服装店购物，某服装店店主发现少了一件衣服，就认为衣服是被琪琪盗窃。不久，该服装店店主将琪琪购物时的监控截图发到微博上，并称图中女孩是小偷。同日，网友就对琪琪进行人肉搜索，琪琪所在学校、家庭住址均被曝光。琪琪因压力过大，跳河身亡。法院以侮辱罪判处服装店店主有期徒刑一年。

本案例中，琪琪因遭受人肉搜索，个人所在学校、家庭住址等信息被泄露，服装店店主及网民侵犯了琪琪的隐私权等民事权益，不但应依法承担相应的民事侵权责任，而且应对服装店店主进行刑事处罚。

法条链接：

《民法典》第一千零三十四条第一款：自然人的个人信息受法律保护。

第五讲
婚姻家庭

90. 借女儿婚姻之名，向亲家索要"天价彩礼"，违法吗？

答： 向亲家索要"天价彩礼"是一种违法行为。

> 你借女儿结婚之际，索要"天价彩礼"，是一种赤裸裸的违法行为！

案例： 某村的村民小马一家陷入了深深的痛苦之中。原来小马与同村的女孩小牛青梅竹马、两小无猜，自幼感情就很好，现在已经到了谈婚论嫁的阶段。小牛的父亲老牛向准亲家老马索要50万元彩礼，还到处说他把女儿养这么大，理应要这么多钱，而以务农为生的马家自然拿不出这么多钱。作为当事人的小马、小牛万般无奈，向驻村干部老钱寻求法律上的帮助。老钱跟老牛说："我国《民法典》第 1042 条第 1 款明确规定，禁止借婚姻索取财物。你现在借女儿结婚的机会，向亲家索要'天价彩礼'已经违反了《民法典》有关规定，是一种赤裸裸的违法行为。"老牛听后，对自己的行为自责不已，最后象征性地要了点彩礼，促成了小马和小牛的美好姻缘。

法条链接：

《民法典》第一千零四十二条：禁止包办、买卖婚姻和其他干涉婚姻自由的行为。禁止借婚姻索取财物。

禁止重婚。禁止有配偶者与他人同居。

禁止家庭暴力。禁止家庭成员间的虐待和遗弃。

91. 夫妻一方婚前患有重大疾病但结婚登记前未如实告知另一方，婚后另一方该如何处理？

答：夫妻另一方可以向人民法院请求撤销婚姻。患有重大疾病但结婚登记前未如实告知是指一方隐瞒患有重大疾病的事实而与另一方登记结婚的情况。《民法典》不再将"患有医学上认为不应当结婚的疾病"作为禁止结婚的情形，而是规定一方不如实告知患有重大疾病的，另一方可以向人民法院请求撤销婚姻，实质上更好地保障了患有重大疾病方的婚姻自主权。

案例：肖某与夏某经相亲认识，两人属于大龄青年，双方家长都着急子女的婚事。两人经过三个月的短暂接触后，就办理了结婚登记。婚后，妻子肖某说自己刚做完阑尾炎手术，不能过夫妻生活。过了三个月后，丈夫夏某无意从妻子肖某的朋友处得知妻子患有艾滋病。随后，夏某起诉到法院，请求撤销婚姻。

本案例中，肖某患有艾滋病，属于患有重大疾病的情形，且婚前未如实告知夏某，夏某在知道撤销事由之日起一个月内提出撤销婚姻的请求，符合法律规定。

法条链接：

《民法典》第一千零五十三条：一方患有重大疾病的，应当在结婚登记前如实告知另一方；不如实告知的，另一方可以向人民法院请求撤销婚姻。

请求撤销婚姻的，应当自知道或者应当知道撤销事由之日起一年内提出。

92. 夫妻间的扶养义务可以约定取消吗？

答：不可以。夫妻间的扶养义务约定取消的协议是没有法律效力的。

案例：许某和梁某是一对"90后"夫妻，两人在结婚的时候签订了一个"相互之间不尽扶养义务，互不干涉对方的私生活"的"两不"协议。

本案例中，许某和梁某签订的"两不"协议违反了法定夫妻间权利义务的规定，是没有法律效力的。虽然我国法律允许夫妻结婚时对其婚前婚后财产、婚后家务负担等事宜作出约定，但约定的内容不得违反法律的强制性规定，不得违背公序良俗。

法条链接：

《民法典》第一千零五十九条：夫妻有相互扶养的义务。

需要扶养的一方，在另一方不履行扶养义务时，有要求其给付扶养费的权利。

93. 什么是日常家事代理权？

答：日常家事代理权是指夫妻一方就日常家庭事务需要与第三人实施法律行为时，无需得到对方授权，也不必以对方名义为之，也无须向第三人明示委托,该一方的行为对夫妻双方发生效力。(1)日常家事代理权的适用前提。家事代理权适用于合法夫妻之间,不适用于同居关系期间。(2)日常家事代理权的适用范围。家事代理权仅适用于家庭日常生活需要。家庭日常生活需要主要包括正常的衣食住行、抚养赡养、医疗教育、保健娱乐、亲友馈赠等。家庭日常生活需要会因家庭收入、消费的差异、时间的推移或地域的变动而发生相应变化。(3)日常家事代理权的适用结果。家事代理权对夫妻双方发生效力。夫妻一方在行使日常家事代理权时,无论对方对该代理行为知晓与否、追认与否,夫妻双方均应对该行为的法律后果承担连带责任。(4)日常家事代理权适用的排除。夫妻一方与相对人另有约定,则夫妻另一方与此相对人发生交易,不适用家事代理权的规定。(5)日常家事代理权不得对抗善意相对人。夫妻之间对家事代理权范围的限制,只能对夫妻双方有效,不得对抗善意相对人。这是对善意第三人的保护,也是对市场交易安全的保障。(6)体系化理解家事代理权。在实施日常家事代理权时,要坚持体系化思维,要遵守《民法典》关于夫妻互相尊重的规定。尽管法律规定了家事代理权,但在实施代理权时,如果时间允许,最好与对方沟通一下,以增进家庭和谐,减少不必要的纠纷和矛盾。

案例:刘某和李某是夫妻,丈夫刘某在某商场购买了一台全自动化洗衣机。本案例中,刘某购买洗衣机的行为就是行使日常家事代理权的体现,刘某购买洗衣机的行为不仅对商场具有约束力,而且对夫妻双方有约束力。日常家事代理权仅适用于日常家庭事务的范围,在方便日常家庭事务的处理和保障交易第三人的安全中发挥着重要作用。但日常家事代理权绝不能超范围滥用,日常家事代理权直接影响到相对人的权益和整个社会经济秩序的稳定。日常家事代理权在生活中非常普遍,小到买一袋盐都可以称之为日常家事代理权。所以,设立日常家事代理权,方便家庭生活,简化便捷交易,保障夫妻之间的平等权利,保护交易相对人,保护交易安全。

法条链接：

《民法典》第一千零六十条：夫妻一方因家庭日常生活需要而实施的民事法律行为，对夫妻双方发生效力，但是夫妻一方与相对人另有约定的除外。

夫妻之间对一方可以实施的民事法律行为范围的限制，不得对抗善意相对人。

94. 婚姻关系存续期间，夫妻一方以个人名义所负的债务，一定为夫妻共同债务吗？

答：不一定。《民法典》第 1064 条规定了"共债共签"原则，即夫妻共同债务原则上需要夫妻双方共同签字认可，没有双方共同签字，原则上不得认定为夫妻共同债务，由借款人一人承担偿还责任。只有符合以下条件的债务视为夫妻共同债务：（1）双方共同签字的借款；（2）一方签字借款后，另一方事后表示认可该借款是夫妻共同债务的；（3）一方基于日常家庭生活需要而对外借的钱，日常生活所需通常情况下是指必要的家庭日常消费，主要包括正常的衣食消费、日用品购买、子女教育、老人赡养等各项费用，是维系一个家庭正常生活所必需的开支；（4）一方以个人名义借款，但用于共同投资生产经营，或虽然是以个人名义投资生产经营，但所获得收益为双方共同所有的。值得注意的是，债务人是否将借款用于夫妻共同生活、共同投资生产经营等应当由债权人承担举证证明责任。如债权人无法举证证明，则不能要求夫妻双方对该笔债务承担连带偿还责任。

案例：李某与张某是表兄弟。某日，张某向李某借款 20 万元，张某给李某写了一张借条，但没有写明借款用途。后来张某将借来的 20 万元用于炒股，赔得血本无归后，无力偿还该笔借款。李某便找到张某的妻子，要求张某的妻子偿还张某借的 20 万元。此时，张某的妻子才知道这笔借款。

本案例中，借条上没有张某妻子的签字，张某的妻子直到李某找上门才

知道有这笔借款。也就是说，该笔债务的发生没有张某与其妻子的共同签字，不符合"共债共签"原则，事后张某的妻子也没有对该笔借款追认。另外，该笔借款事实上也没有用于夫妻共同生活或共同投资等，所以该笔借款在法律上不属于夫妻共同债务。当然，如果李某有证据证明，张某并非将这笔借款用于炒股，而是用于日常家庭生活支出等，则构成夫妻共同债务，可要求张某夫妻双方对该笔债务承担连带偿还责任。

法条链接：

《民法典》第一千零六十四条：夫妻双方共同签名或者夫妻一方事后追认等共同意思表示所负的债务，以及夫妻一方在婚姻关系存续期间以个人名义为家庭日常生活需要所负的债务，属于夫妻共同债务。

夫妻一方在婚姻关系存续期间以个人名义超出家庭日常生活需要所负的债务，不属于夫妻共同债务；但是，债权人能够证明该债务用于夫妻共同生活、共同生产经营或者基于夫妻双方共同意思表示的除外。

95. 夫妻财产约定"AA 制"后，就不需要对对方的债务负责了吗？

答：不一定。《民法典》第 1065 条第 3 款规定，夫妻对婚姻关系存续期间所得的财产约定归各自所有，夫或者妻一方对外所负的债务，相对人知道该约定的，以夫或者妻一方的个人财产清偿。也就是说，相对人必须知道夫妻二人是约定夫妻财产"AA 制"的，夫或妻才不需要对对方债务负责。因此，为使约定产生预期的效果，当事人双方可向公证机关申请办理公证，以降低风险。在有需要的时候，要有意识地让相对人知晓夫妻之间存在这种协议，来突破协议仅对夫妻双方有效的限制，以解决法律因善意第三人的规定所引发的问题，使协议能够取得更好的效果。

案例：刘某与李某是一对"90 后"的年轻夫妻，两人约定婚姻关系存续期间所得的财产归各自所有，即夫妻财产"AA 制"，两人共同年收入是 30 万元。某日，丈夫刘某向其朋友梁某借款 20 万元购买了一辆车，约定 3 个月后归还，但 3 个月后刘某未归还。梁某因其父母生病急需用钱，就向刘某催要，刘某说目前手头没钱，无力偿还该笔借款。梁某便找到刘某的妻子李某，要求李某偿还刘某借的 20 万元。此时，刘某的妻子李某才知道这笔借款。

本案例中，相对人梁某不知道刘某夫妻二人是约定夫妻财产"AA 制"的，这 20 万元借款是否属于夫妻共同债务呢？如果李某有证据证明该借款仅用于购买刘某个人所用车辆，不是用于家庭日常生活所需，那么该 20 万元借款就不属于夫妻共同债务。如果李某无法证明而由此偿还了这 20 万元借款，那么代为偿还的一方李某可以向另一方刘某追偿，因为夫妻财产"AA 制"协议对相对人梁某可以无效，但是在夫妻双方之间有效。

法条链接：

《民法典》第一千零六十五条：男女双方可以约定婚姻关系存续期间所得的财产以及婚前财产归各自所有、共同所有或者部分各自所有、部分共同所有。约定应当采用书面形式。没有约定或者约定不明确的，适用本法第一千零六十二条、第一千零六十三条的规定。

夫妻对婚姻关系存续期间所得的财产以及婚前财产的约定，对双方具有法律约束力。

夫妻对婚姻关系存续期间所得的财产约定归各自所有，夫或者妻一方对外所负的债务，相对人知道该约定的，以夫或者妻一方的个人财产清偿。

96. 父母或子女可以向法院起诉要求确认或者否认亲子关系吗?

答：父或者母可以向人民法院提起诉讼，请求确认或者否认亲子关系。成年子女只能提起亲子关系确认之诉，限制其提起亲子关系否认之诉，有助于避免成年子女逃避赡养义务。对于成年子女来说，无论亲子关系是否存在，父母都已经完成了对其抚养教育的义务，其应该履行对父母的赡养扶助义务。

案例：李某成年后在家中发现一封落款为刘某的信，信中说刘某是李某的生父并附带了李某儿时与刘某的合照。于是，李某拿着信向刘某提出确认亲子关系的请求，刘某不同意。本案例中，李某可以向人民法院提起诉讼，请求确认亲子关系。

法条链接：

《民法典》第一千零七十三条：对亲子关系有异议且有正当理由的，父或者母可以向人民法院提起诉讼，请求确认或者否认亲子关系。

对亲子关系有异议且有正当理由的，成年子女可以向人民法院提起诉讼，请求确认亲子关系。

97. "离婚冷静期制度"是怎样理解与适用的？

答： 目前我国存在诉讼离婚和登记离婚两种法定的离婚途径，而"离婚冷静期制度"仅适用于登记离婚。在登记离婚中设立一定期间的冷静期是为夫妻双方预留考虑的时间，而非剥夺或者限制离婚自由。理解"离婚冷静期制度"，需要把握"三个两"：第一个"两"是两人亲为。夫妻双方决定离婚的，必须亲自前往婚姻登记机关，不能委托他人办理。第二个"两"是两次申请，第一次申请是提出离婚登记，第二次申请是请求发给离婚证。仅仅提出离婚登记，而未在法律规定期限内申领离婚证，将被推定为撤回离婚申请。第三个"两"是两个 30 日。自婚姻登记机关收到离婚登记申请之日起 30 日内，夫妻一方可以主动撤回离婚登记申请。上述期限届满后 30 日内，夫妻一方如未申请发给离婚证，离婚登记申请自动失效。

案例： 李某与王某一起于 1 月 1 日向婚姻登记机关提出离婚登记申请，至 1 月 31 日，李某和王某任何一方不愿意离婚的，都可以向婚姻登记机关撤回离婚登记申请。如果从 1 月 1 日至 31 日李某和王某都未向婚姻登记机关撤回申请的，自 2 月 1 日至 3 月 2 日李某和王某双方应当亲自到婚姻登记机关申请发给离婚证，在此期间内未申请的，视为撤回离婚登记申请。

法条链接：

《民法典》第一千零七十七条：自婚姻登记机关收到离婚登记申请之日起三十日内，任何一方不愿意离婚的，可以向婚姻登记机关撤回离婚登记申请。

前款规定期限届满后三十日内，双方应当亲自到婚姻登记机关申请发给离婚证；未申请的，视为撤回离婚登记申请。

98. 哪些情形人民法院应当准予离婚？

答： 人民法院应当准予离婚的情形主要有以下几种：

一是人民法院审理离婚案件，应当进行调解；如果感情确已破裂，调解无效的，应当准予离婚：（1）重婚或者与他人同居；（2）实施家庭暴力或者虐待、遗弃家庭成员；（3）有赌博、吸毒等恶习屡教不改；（4）因感情不和分居满二年；（5）其他导致夫妻感情破裂的情形。

二是一方被宣告失踪，另一方提起离婚诉讼的，应当准予离婚。

三是经人民法院判决不准离婚后，双方又分居满一年，一方再次提起离婚诉讼的，应当准予离婚。

案例： 小丽与小庄在结婚初期感情很好，但之后小庄染上了赌博的恶习，对家庭不管不顾，将家里值钱的东西输了个精光，还欠下了高额债务。小丽苦苦相劝，但小庄屡教不改。小丽无奈之下向法院提起离婚诉讼，法官经调解认为两人感情确已破裂，无再和好的可能，遂判决两人离婚。

法条链接：

《民法典》第一千零七十九条：夫妻一方要求离婚的，可以由有关组织进行调解或者直接向人民法院提起离婚诉讼。

人民法院审理离婚案件，应当进行调解；如果感情已破裂，调解无效的，应当准予离婚。

有下列情形之一，调解无效的，应当准予离婚：

（一）重婚或者与他人同居；

（二）实施家庭暴力或者虐待、遗弃家庭成员；

（三）有赌博、吸毒等恶习屡教不改；

（四）因感情不和分居满二年；

（五）其他导致夫妻感情破裂的情形。

一方被宣告失踪，另一方提起离婚诉讼的，应当准予离婚。

经人民法院判决不准离婚后，双方又分居满一年，一方再次提起离婚诉讼的，应当准予离婚。

99. 何为"假离婚"？"假离婚"后受害一方该怎么办？

答： 通常意义上，"假离婚"是指夫妻一方或双方本无离婚的真实意思而因双方通谋或受对方欺诈而作出的离婚的意思表示。一般而言，假离婚包括两种情形：一是通谋离婚；二是欺诈离婚。

无论是通谋离婚还是欺诈离婚，最终产生的法律后果都是离婚，即经过离婚登记机关的离婚程序后完成的离婚行为，在法律上，离婚的结果是合法的，符合法律规定的。

在欺诈离婚中，如果认为财产分割不适当，认为自己作为受害方应该索要赔偿，受害方在有证据证明办理离婚登记时受到胁迫和威胁，可向人民法院申请撤销该离婚，但申请期不能超过 1 年，否则丧失请求权。虽然婚姻关系即离婚的事实不能改变，但对于子女的抚养和财产的分割，可向法院申请重新分割和处理。

案例： 李某与梁某是夫妻，丈夫李某为了达到与情人结婚的目的，就欺骗妻子梁某说公司面临破产，资不抵债。为了不连累儿子和梁某，于是李某

与梁某办理了离婚。随后，李某与情人办理了结婚登记。梁某发现后，要求与李某复婚。

本案例中，李某虽欺诈梁某离婚，但最终产生的法律后果是离婚，即经过离婚登记机关的离婚程序后完成的离婚行为，在法律上，离婚的结果是符合法律规定的。李某与梁某离婚的事实是不能改变的，但对于子女的抚养和财产的分割，梁某可向法院申请重新分割和处理。

法条链接：

《民法典》第一千零七十六条：夫妻双方自愿离婚的，应当签订书面离婚协议，并亲自到婚姻登记机关申请离婚登记。

离婚协议应当载明双方自愿离婚的意思表示和对子女抚养、财产以及债务处理等事项协商一致的意见。

100. "净身出户"的协议具有法律效力吗？

答："净身出户"一般指在婚姻双方决定离婚时，一方要求另一方退出婚姻时得不到任何共同财产。至于这种协议的效力如何，应区分以下情形区别对待：

（1）约定一方提出离婚，则"净身出户"，所有家庭财产归另一方所有。这一约定违反了《民法典》规定的婚姻自由原则，属于无效的约定。

（2）约定一方有婚外情，则"净身出户"，所有家庭财产归另一方所有。根据《民法典》第1062、1065、1087条的规定，夫妻对共同财产，有平等的处理权。男女双方可以约定婚姻关系存续期间所得的财产以及婚前财产归各自所有、共同所有或者部分各自所有、部分共同所有。夫妻对婚姻关系存续期间所得的财产以及婚前财产的约定，对双方具有法律约束力。离婚时，夫妻的共同财产由双方协议处理；协议不成时，由人民法院根据财产的具体情况，按照照顾子女、女方和无过错方权益的原则判决。该情形中，"净身出户"约定应属有效。

（3）因婚外情等原因与配偶签订协议，约定若再次有婚外情，必须离婚，丧失子女抚养权并"净身出户"，所有家庭财产归另一方所有。此类协议部分有效。具体讲，再次因婚外情而"净身出户"的约定有效。该部分可以认为是双方签订的附条件合同，或者是夫妻在婚姻关系存续期间对将来离婚时财产分配的安排。在约定条件达成时，即发生相应的法律效果。必须离婚或丧失子女抚养权的约定无效。法律对婚姻关系的解除、未成年子女的抚养权等有明确的规定，当事人不得通过约定对此进行限制。特别是抚养权归属问题，法院应以有利孩子成长为原则进行处理。

案例：夏某与董某曾是一对恩爱夫妻，但丈夫夏某随着在公司职位的提升，忘记初心，过着"家中红旗不倒，身边彩旗飘飘"的生活，儿子、老人全靠妻子董某照料。某日，董某在上班时突发阑尾炎，给夏某打电话，夏某因正与情人在一起，就没接电话。董某在同事的帮助下被送到医院，因病情紧急需马上做手术，夏某的电话打不通，医院只好通知董某年迈的公婆到医院签字。等手术做完后，夏某才来到医院。董某躺在医院的病床上，回想了结婚10年多来夏某的种种行为，内心万分感伤。出院后，董某向夏某提出离婚。夏某内心愧疚，乞求董某原谅。在公婆的劝说下，夏某与董某签订协议，约定若夏某再次有婚外情，必须离婚，丧失子女抚养权并"净身出户"，所有家庭财产归董某所有。

本案例中，夏某与董某签订的协议部分有效。具体地讲，再次因婚外情"净身出户"的约定有效。该部分可以认为是双方签订的附条件合同，或者是夫妻在婚姻关系存续期间对将来离婚时财产分配的安排。在约定条件达成时，即发生相应的法律效果。必须离婚或丧失子女抚养权的约定无效。法律对婚姻关系的解除、未成年子女的抚养权等有明确的规定，当事人不得通过约定对此进行限制。

法条链接：

《民法典》第一千零六十二条：夫妻在婚姻关系存续期间所得的下列财产，为夫妻的共同财产，归夫妻共同所有：

（一）工资、奖金、劳务报酬；

（二）生产、经营、投资的收益；

（三）知识产权的收益；

（四）继承或者受赠的财产，但是本法第一千零六十三条第三项规定的除外；

（五）其他应当归共同所有的财产。

夫妻对共同财产，有平等的处理权。

第一千零六十五条：男女双方可以约定婚姻关系存续期间所得的财产以及婚前财产归各自所有、共同所有或者部分各自所有、部分共同所有。约定应当采用书面形式。没有约定或者约定不明确的，适用本法第一千零六十二条、第一千零六十三条的规定。

夫妻对婚姻关系存续期间所得的财产以及婚前财产的约定，对双方具有法律约束力。

夫妻对婚姻关系存续期间所得的财产约定归各自所有，夫或者妻一方对外所负的债务，相对人知道该约定的，以夫或者妻一方的个人财产清偿。

第一千零八十七条：离婚时，夫妻的共同财产由双方协议处理；协议不成的，由人民法院根据财产的具体情况，按照照顾子女、女方和无过错方权益的原则判决。

对夫或者妻在家庭土地承包经营中享有的权益等，应当依法予以保护。

$101.$ 离婚后，该怎样争取子女的抚养权？

答：在大部分离婚案件中，夫妻双方通常对是否离婚、财产分割情况没有较大争议，争议的焦点往往在独生子女的抚养权归谁的问题上。根据《民法典》第 1084 条第 3 款规定的"一原则三规则"具体分析如下：

一是子女抚养权归属只有一个原则：最有利于未成年子女的原则。从孩子利益最大化出发来判决抚养权的归属。

二是子女抚养权归属的三个具体规则：（1）不满两周岁的子女，以由母亲直接抚养为原则。（2）已满两周岁的子女，父母双方对抚养问题先协议，能达成协议，按协议办；达不成协议，根据双方的具体情况，按照最有利于未成年子女的原则判。（3）子女已满八周岁的，应当尊重其真实意愿。由子女选择跟父或母。

三是围绕"一原则三规则"来争抚养权，才能做到有的放矢，胜券在握。

（1）不满两周岁的子女，母方获得子女抚养权的把握大。

父方可在以下情况下争得抚养权：第一种情况是母方患有久治不愈的传染性疾病或者其他严重疾病，子女不宜与母亲共同生活的，如母亲患肺结核、慢性肝炎等。第二种情况是母方有抚养条件却不尽扶养义务，而父方要求子女随其生活的。第三种情况是因其他原因，子女确实无法随母方生活的，如母亲因职业的原因，经常出差，长年在户外工作，子女随父方生活，对子女健康成长无不利影响的。

（2）已满两周岁的子女，父母双方对抚养问题无法达成协议时，根据争议双方的条件判决：第一，谁和子女长期一起生活？子女随其生活时间较长、改变生活环境对子女的健康成长不利。第二，子女和谁生活，对子女的今后成长更有利？有利条件主要是生活条件、教育条件、居住条件、工作条件以及父母一方的品行修养、知识层次、身体健康状况，祖父母或外祖父母要求并且有能力帮助子女照顾孙子女或外孙子女等；不利条件诸如患有久治不愈的疾病、有生活恶习劣迹、对子女漠不关心、长期在外工作而照顾不上子女等。

此时的争，就是多创造自己的有利条件，可向法庭提交两份书面意见——本人关于抚养权的书面意见、父母愿意协助抚养的书面意见，克服自己的不利条件；多发现对方的不利条件，从而达到争取子女抚养权的成功。

（3）子女已满八周岁的，子女是限制民事行为能力人，已经具备一定的自主意识和认知能力，由子女判断究竟是随父还是随母生活对自己更为有利。原则上，法院应当尊重子女的选择，但如果其所作的选择对其成长不利，法院也可以作出更有利于其健康成长的判决。

此时的争，就是多培养和孩子的感情，让孩子来选择你，可以向法庭提交三份书面意见——本人关于抚养权的书面意见、父母愿意协助抚养的书面意见、孩子愿意随你生活的书面意见。

案例： 刘刚与刘霞结婚后，因性格不合，经常吵架。女儿出生后，婆媳

之间的矛盾使二人夫妻关系进一步恶化。于是，两人决定结束婚姻关系。很快，刘刚与刘霞就夫妻共有财产的分割达成一致，但对女儿抚养的问题一直无法达成协议。双方都想抚养女儿，争执不下，起诉到法院。最后法院判决孩子归女方刘霞抚养，刘刚有探视权。

本案例中，刘刚与刘霞的女儿不满两周岁，本着最有利于未成年子女成长的原则，女儿抚养权归女方所有。"父母之爱子，则为之计深远！"在争抚养权的"战争"中，千万不能将孩子作为自己的私有财产，更不能将孩子作为报复对方的工具，让孩子夹在世上最爱自己的两个人之间无所适从，左右为难。争抚养权，争的是父母对子女最深的爱，争的是父母对子女成长、前途最大的负责，争的是一种父母尽最大努力抚养子女的义务。父母如果觉得自己今后提供给孩子的成长条件没有对方的好，主动放弃抚养权是对孩子成长的真正负责，也是对孩子最深的爱。

法条链接：

《民法典》第一千零八十四条第三款：离婚后，不满两周岁的子女，以由母亲直接抚养为原则。已满两周岁的子女，父母双方对抚养问题协议不成的，由人民法院根据双方的具体情况，按照最有利于未成年子女的原则判决。子女已满八周岁的，应当尊重其真实意愿。

102. 生父母送养子女可以由一方单独送养吗？

答：特殊情况下可以。即生父母送养子女应当双方共同送养。只有在生父母一方不明或者查找不到的情况下，才可以由一方单独送养。

案例：罗某与李某娥是一对残疾夫妻，罗某是哑巴，李某娥身患重度残疾，生活基本无法自理。婚后第二年，两人生育了一个健全的儿子，家庭生活的负担一下加重，罗某整天唉声叹气。某日，罗某说要外出找点活干，此后便一去不复返。李某娥在娘家及社会爱心人士的帮助下，艰难地度过了两年，这两年罗某音讯全无。之后，李某娥父母去世，李某娥一下子失去生活来源，无力抚养儿子，又与罗某联系不上，于是李某娥将儿子送给无子女的董某夫妇抚养。

本案例中，丈夫罗某下落不明，妻子李某娥身患重度残疾，又失去娘家的扶持，此种情况下，李某娥可以单方送养儿子。

法条链接：

《民法典》第一千零九十七条：生父母送养子女，应当双方共同送养。生父母一方不明或者查找不到的，可以单方送养。

103. 收养三代以内旁系同辈血亲的子女可以享有哪些宽松条件？

答：《民法典》第 1099 条规定，收养三代以内旁系同辈血亲的子女，可以不受本法第 1093 条第 3 项、第 1094 条第 3 项和第 1102 条规定的限制。华侨收养三代以内旁系同辈血亲的子女，还可以不受本法第 1098 条第 1 项规定的限制。具体而言，收养三代以内旁系同辈血亲的子女可不受如下限制：

（1）被收养的未成年人是生父母有特殊困难无力抚养的子女；

（2）送养人是有特殊困难无力抚养子女的生父母；

（3）无配偶者收养异性子女的，收养人与被收养人的年龄应当相差 40 周岁以上。

案例：刘甲与女孩妞妞的父亲刘乙系亲兄弟。刘甲因多种原因一直未娶妻生子，刘甲与刘乙通过民政部门办理了刘甲收养妞妞的登记手续。后妞妞因一档儿童选秀节目大火，刘乙十分后悔将妞妞交予刘甲收养，故以刘甲与妞妞年龄差未达到 40 周岁为由，请求人民法院判决收养关系无效。

本案例中，刘甲收养三代以内旁系同辈血亲的子女妞妞，不受本法第

收养三代以内旁系同辈血亲的子女，不受年龄相差40周岁以上的限制。

1093 条第 3 项、第 1094 条第 3 项和第 1102 条规定的限制。显然，刘乙的诉讼请求不能得到法院的支持。

法条链接：

《民法典》第一千零九十九条：收养三代以内旁系同辈血亲的子女，可以不受本法第一千零九十三条第三项、第一千零九十四条第三项和第一千一百零二条规定的限制。

华侨收养三代以内旁系同辈血亲的子女，还可以不受本法第一千零九十八条第一项规定的限制。

104. 养子女成年后与养父母关系恶化可以解除收养关系吗？

答：养父母与成年养子女关系恶化、无法共同生活的，可以协议解除收养关系。不能达成协议的，可以向人民法院提起诉讼。

案例：童某自小由张某、李某夫妇收养，在张某、李某夫妇的精心照顾下长大，张某、李某夫妇为其张罗了婚事。但童某不念养育之恩，不但没有报答张某、李某夫妇，反而经常对其辱骂，甚至殴打，使两位老人终日惶恐不安。张某、李某夫妇现在已经不能忍受童某的百般刁难，两位老人打算要求解除与童某的收养关系。

本案例中，张某、李某夫妇可以与童某协议解除收养关系。不能达成协议的，可以向人民法院提起诉讼。

法条链接：

《民法典》第一千一百一十五条：养父母与成年养子女关系恶化、无法共同生活的，可以协议解除收养关系。不能达成协议的，可以向人民法院提起诉讼。

第六讲
继 承

105. 网络游戏中的高级装备可以作为遗产继承吗?

答:随着社会的发展,新鲜事物不断涌现,自然人财产的范围也随之扩大。所谓财产是能够为人所拥有、具有价值的物资以及可以换取物资的钱财,而合法财产是指通过合法途径取得,受到法律保护的物资以及钱财。网络游戏中能卖高价钱的高级装备具有现实的使用价值,属于可以依法继承的公民的其他合法财产。因此,网络游戏中的高级装备可以作为遗产被继承。

案例:王某是一位软件开发高级工程师,空闲时喜欢玩游戏,在网络游戏中购买了大量的高级装备,属于高级别玩家。由于长期加班,工作压力大,某日王某猝死。王某去世后,王某的父母作为遗产继承人对王某的遗产进行整理时,发现王某在网络游戏中购买的高级装备被王某的同事赵某据为己有,于是王某的父母要求赵某返还。

本案例中,王某的能卖高价钱的网络游戏中的高级装备具有现实的使用价值,属于可以依法继承的公民的其他合法财产,王某的父母有权要求赵某返还。

法条链接：

《民法典》第一千一百二十二条：遗产是自然人死亡时遗留的个人合法财产。

依照法律规定或者根据其性质不得继承的遗产，不得继承。

106. 公民死亡抚恤金是否属于遗产？

答：公民死亡抚恤金不属于遗产。当职工因公死亡或革命军人牺牲、病故时，有关国家机关、企事业单位会按照相应规定，发给死者亲属一定的死亡抚恤金。发放死亡抚恤金，是用以优抚救济死者家属，特别是用来优抚那些依靠死者生活的未成年人和丧失劳动能力的亲属。因此，抚恤金并不是发给死者的，而是发给死者家属的，应由受抚恤的家属直接享有，而不能作为死者的遗产由继承人继承。

案例：刘某是某局的公务员，在出差的路上遭遇车祸死亡。刘某所在单位按照国家规定，发给刘某年幼的女儿（未满18周岁）和年迈的父母一定数额的抚恤金。刘某的妻子认为抚恤金是刘某的遗产，应当按照遗产分配方式进行分割。

本案例中，刘某妻子的观点是错误的。发放死亡抚恤金，是用以优抚救济死者家属，特别是用来优抚那些依靠死者生活的未成年人和丧失劳动能力的亲属。因此，抚恤金发给死者家属的，应由受抚恤的家属直接享有，而不能作为死者的遗产由继承人继承。

法条链接：

《民法典》第一千一百二十二条：遗产是自然人死亡时遗留的个人合法财产。

依照法律规定或者根据其性质不得继承的遗产，不得继承。

107. 继承人的哪些行为可能导致其丧失继承权？

答：《民法典》第1125条规定，继承人有下列行为之一的，丧失继承权：

（1）故意杀害被继承人

（2）为争夺遗产而杀害其他继承人；

（3）遗弃被继承人，或者虐待被继承人情节严重；

（4）伪造、篡改、隐匿或者销毁遗嘱，情节严重；

（5）以欺诈、胁迫手段迫使或者妨碍被继承人设立、变更或者撤回遗嘱，情节严重。

继承人有前款第3项至第5项行为，确有悔改表现，被继承人表示宽恕或者事后在遗嘱中将其列为继承人的，该继承人不丧失继承权。

案例：李大爷中年丧妻，有两个儿子。大儿子李明在外地工作，力所能及地尽了赡养义务。而次子李朋虽然离老人不远，却很少看望老人，不尽赡养义务。老人因病去世后，李朋闻讯回家，对老人的后事漠不关心，却在屋里东翻西找，最后在老人的枕头下找到一个10万元的存折，存折里面夹着一张纸条，纸条上写着："我有存款10万元，全部留给儿子李明。"李朋看后灵机一动，随即将纸条中的"明"字改成"朋"字。第二天李明从外地赶来，李朋掏出纸条交给李明说："你瞧吧，这是爸爸临终前给我的。"李明看后说，父亲临终前给他写过信，数次表明李朋对自己如何不好，并写明将枕头下的10万元存折留给大儿子李明。两兄弟争执不下，一场关于继承遗产的官司就此产生。

本案例中，李朋篡改遗嘱，想达到侵犯哥哥李明继承权的目的，将父亲的遗产独自占有，行为恶劣，情节严重。因此，李朋丧失对李大爷遗产的继承权，李大爷的10万元遗产应按照其遗嘱处理，全部由李明继承。

法条链接：

《民法典》第一千一百二十五条：继承人有下列行为之一的，丧失继承权：

（一）故意杀害被继承人；

（二）为争夺遗产而杀害其他继承人；

（三）遗弃被继承人，或者虐待被继承人情节严重；

（四）伪造、篡改、隐匿或者销毁遗嘱，情节严重；

（五）以欺诈、胁迫手段迫使或者妨碍被继承人设立、变更或者撤回遗嘱，情节严重。

继承人有前款第三项至第五项行为，确有悔改表现，被继承人表示宽恕或者事后在遗嘱中将其列为继承人的，该继承人不丧失继承权。

受遗赠人有本条第一款规定行为的，丧失受遗赠权。

108. 丧失继承权能失而复得吗？

答：《民法典》增加的对继承人的"宽恕制度"是对继承权法定丧失制度的完善。《民法典》第 1125 条在列举继承人丧失继承权的 5 种行为的同时，规定继承人有前款第 3 项至第 5 项行为，确有悔改表现，被继承人表示宽恕或者事后在遗嘱中将其列为继承人的，该继承人不丧失继承权。这就是所谓对继承人的"宽恕制度"。"宽恕制度"的目的是维护和谐的家庭关系，给继承人改过自新的机会，同时也尊重了被继承人的意愿。

案例：老马有一个儿子和一个女儿，老伴已去世多年，老马既当爹，又当妈，把儿女拉扯大，后儿女相继结婚。因女儿远嫁，按照农村风俗习惯，老马与儿子小马一家住在一起。随着老马年龄越来越大，一天天老去，儿子、儿媳越来越嫌弃老马，经常虐待老马，不让老马吃饱饭。老马生病后，儿子、儿媳干脆把老马赶到村头废弃的一间装农具的屋子里，任其自生自灭。多亏女儿定期给老马寄钱，否则老马早已死亡。老马表示死后一分钱也不给小马。

后因修高速公路，老马的承包地被征收，国家补偿给老马一笔征收款。小马想获得该笔钱，多次向老马表示忏悔，又把老马接回了家。经中间人说和，老马表示原谅小马。

本案例中，前期小马因遗弃、虐待被继承人老马，情节较为严重，丧失继承权。后因小马有悔过表现，老马又表示宽恕，小马就不丧失继承权了。

法条链接：

《民法典》第一千一百二十五条：继承人有下列行为之一的，丧失继承权：

（一）故意杀害被继承人；

（二）为争夺遗产而杀害其他继承人；

（三）遗弃被继承人，或者虐待被继承人情节严重；

（四）伪造、篡改、隐匿或者销毁遗嘱，情节严重；

（五）以欺诈、胁迫手段迫使或者妨碍被继承人设立、变更或者撤回遗嘱，情节严重。

继承人有前款第三项至第五项行为，确有悔改表现，被继承人表示宽恕或者事后在遗嘱中将其列为继承人的，该继承人不丧失继承权。

受遗赠人有本条第一款规定行为的，丧失受遗赠权。

109. 侄子（女）、外甥（女）可代位继承吗？需要满足什么条件？

答： 在符合法律规定的条件下，侄子、侄女、外甥、外甥女可以代位继承伯父（叔父）、姑姑、姨妈、舅舅的遗产。《民法典》颁布实施后，被继承人的侄子、侄女、外甥、外甥女作为代位继承人可能参与到继承中来。这一规定的出台，扩大了私产的继承范围，减少了私产被国有化的可能性。

侄子（女）、外甥（女）继承需要同时满足两个条件：

（1）被继承人没有第一顺序继承人，也就是说被继承人没有父母、配偶、子女；

（2）被继承人的兄弟姐妹先于被继承人死亡的，也就是说侄子（女）、外甥（女）的父母已经先于被继承人死亡。

只有符合这两个条件，侄子（女）、外甥（女）才会进入继承人的范畴。

案例： 李老太一生未婚，也无非婚生子女，父母早亡，只有一个胞妹李妹。李妹婚后育有一个儿子小刘。2020 年，胞妹李妹去世。2021 年年初，李老太去世。

本案例中，李老太父母早亡，李老太无配偶、子女，其继承人胞妹李妹又先于被继承人李老太死亡。这种情况下，李老太的外甥小刘可以代位继承姨妈李老太的遗产。

法条链接：

《民法典》第一千一百二十八条：被继承人的子女先于被继承人死亡的，由被继承人的子女的直系晚辈血亲代位继承。

被继承人的兄弟姐妹先于被继承人死亡的，由被继承人的兄弟姐妹的子女代位继承。

代位继承人一般只能继承被代位继承人有权继承的遗产份额。

110. 公证遗嘱效力优先于其他形式的遗嘱，这种说法对吗？

答：不对。为尊重遗嘱人的真实意愿，《民法典》修改了遗嘱效力规则，废除了原继承法关于公证遗嘱效力优先的规定。

案例：夏某是个性格多疑之人，整天疑神疑鬼，与老伴杨某及其子女关系不好。2021 年 1 月 2 日，夏某自书遗嘱一份，他听从朋友建议，又于 1 月 5 日到某公证中心进行遗嘱公证。1 月 12 日，夏某到某律师事务所咨询，得知遗嘱人可以撤回、变更自己所立的遗嘱，于是又立了一份遗嘱。1 月 20 日，夏某突发脑溢血去世。夏某的家人清理夏某的遗物时发现，夏某立有 3 份遗嘱并且所立遗嘱的内容有所不同。

本案例中，夏某立有 3 份遗嘱，并且 3 份遗嘱的内容有抵触，应以 1 月 12 日所立遗嘱为准。

法条链接：

《民法典》第一千一百四十二条：遗嘱人可以撤回、变更自己所立的遗嘱。

立遗嘱后，遗嘱人实施与遗嘱内容相反的民事法律行为的，视为对遗嘱相关内容的撤回。

立有数份遗嘱，内容相抵触的，以最后的遗嘱为准。

111. 立遗嘱时，遗嘱人应当为缺乏劳动能力又没有生活来源的继承人保留必要的遗产份额吗？

答：应当保留。法律在充分尊重公民自由处分个人财产的同时，也要保护缺乏劳动能力又没有生活来源的继承人的利益。被继承人立遗嘱时，不应当剥夺缺乏劳动能力又没有生活来源的继承人的合法继承权。这不仅是法律制度规定的，也是社会道德要求的，更是保护缺乏劳动能力又没有生活来源的继承人日常生活的需要。

案例： 原告小王今年13岁，他的父亲老王在临终前立下遗嘱，将全部遗产赠给了一直照顾自己的邻居，对于自己的亲生儿子小王却分文未留。原来小王痴迷网络游戏，学习成绩一直很差，不管老王怎样苦口婆心地教育，小王就是屡教不改。后来，小王干脆辍学到社会上去混，还经常因小偷小摸或打架斗殴被抓进派出所。在老王病危期间，小王也没有回家照顾自己的父亲。这让老王彻底对小王失去了信心，所以立下遗嘱，一分钱也不给儿子小王留下。现在老王去世了，小王按照父亲的遗嘱一分钱也得不到，遂诉至法院，请求法院宣告自己已过世的父亲生前所立遗嘱无效。

本案例中，小王是一个只有13岁的未成年人，明显没有劳动能力和生活来源。基于小王尚未成年且没有丧失继承权的情形，理应为其保留必要的遗产份额，剩余部分才能由其邻居继承。据此，法院依法判决老王生前所立遗嘱无效。

法条链接：

《民法典》第一千一百四十一条：遗嘱应当为缺乏劳动能力又没有生活来源的继承人保留必要的遗产份额。

112. 什么样的遗嘱是无效的？

答： 有下列情形之一的遗嘱无效：

（1）遗嘱人不具有完全民事行为能力的。

（2）遗嘱内容不是遗嘱人的真实意思表示。例如，遗嘱人受欺诈、胁迫所立的遗嘱无效；伪造的遗嘱无效；遗嘱被篡改的，篡改的内容无效。

（3）由于遗嘱继承人的原因导致遗嘱无效。例如，当遗嘱继承人丧失继承权、放弃继承权、先于被继承人而死亡时，因为遗嘱内容无法实现，导致遗嘱无效。

（4）遗嘱内容涉及被处分过或者无权处分的财产。例如，被处分过的财产和无权处分的财产均是遗嘱人无所有权的财产。所以，如果遗嘱人一味地对其进行处分，这部分遗嘱则会归于无效。

（5）违反法律和社会公共利益。遵守法律和维护社会公共利益是最基本的原则，如果行为违反，则必然导致行为无效的后果。

（6）遗嘱未为特定弱势继承人保留必要份额，或未给胎儿保留必要继承份额。因其要兼顾弱势继承人和胎儿，导致必须扣回一部分遗产，否则会使遗嘱部分无效。

（7）不符合遗嘱形式要求的。

（8）多份遗嘱内容冲突或者遗嘱继承和遗赠抚养协议间冲突导致遗嘱部分无效。

（9）内容不清、自相矛盾或无法实现等。

法条链接：

《民法典》第一千一百三十八条：遗嘱人在危急情况下，可以立口头遗嘱。口头遗嘱应当有两个以上见证人在场见证。危急情况消除后，遗嘱人能够以书面或者录音录像形式立遗嘱的，所立的口头遗嘱无效。

第一千一百四十三条：无民事行为能力人或者限制民事行为能力人所立的遗嘱无效。

遗嘱必须表示遗嘱人的真实意思，受欺诈、胁迫所立的遗嘱无效。

伪造的遗嘱无效。

遗嘱被篡改的，篡改的内容无效。

113. 遗产管理人需要履行哪些职责？

答： 根据《民法典》第 1147 条之规定，遗产管理人需要履行以下职责：

（1）清理遗产并制作遗产清单。遗产管理人清点遗产并制作遗产清单，是遗产管理上的第一个重要步骤，务必做到认真、细致、不遗漏、无差错。

（2）向继承人报告遗产情况。遗产管理人制作遗产清单后应及时向继承人报告遗产情况。

（3）采取必要措施防止遗产毁损、灭失。遗产管理人对遗产所采取的必要措施，应当以不改变遗产标的物或权利的性质为限。例如，为防止遗产被损坏和遗产价值减少，对易腐败、不适宜继续保存的遗产标的物及时变卖处理，以保存价款。

（4）处理被继承人的债权债务。遗产管理人只有弄清被继承人是否有债务，是否享有债权等问题以后，才能对遗产进行分割。

（5）按照遗嘱或者依照法律规定分割遗产。遗产管理人应当及时将所存有的遗产移交给遗嘱继承人或者法定继承人。

（6）实施与管理遗产有关的其他必要行为。

案例： 夏某生前是某房地产公司董事长，结婚三次，子女众多，为防止死后子女间发生遗产争夺，去世前在遗嘱中明确指定甲律师事务所为其遗产管理人。

本案例中，甲律师事务所作为夏某的遗产管理人，应履行以下职责：第一步，清理夏某遗产并制作遗产清单；第二步，制作遗产清单后及时向继承人报告遗产情况；第三步，采取必要措施防止夏某遗产毁损、灭失；第四步，处理夏某的债权债务；第五步，按照夏某的遗嘱或者依照法律规定分割夏某遗产。

法条链接：

《民法典》第一千一百四十七条：遗产管理人应当履行下列职责：

（一）清理遗产并制作遗产清单；

（二）向继承人报告遗产情况；

（三）采取必要措施防止遗产毁损、灭失；

（四）处理被继承人的债权债务；

（五）按照遗嘱或者依照法律规定分割遗产；

（六）实施与管理遗产有关的其他必要行为。

第七讲
侵权责任

114. 公民自愿参加文体活动，约定自甘风险，合法有效吗？何为自甘风险？构成要件有哪些？适用范围有哪些？应对之策有哪些？

答：合法有效，《民法典》第1176条规定自愿参加文体活动而约定自甘风险。

自甘风险也叫危险的自愿承担，是指受害人自愿参加具有一定风险的文体活动，甘愿去冒风险，因其他参加者的行为受到损害的，受害人不得请求其他参加者承担侵权责任，自己来承担损害后果；但是，其他参加者对损害的发生有故意或者重大过失的除外。

自甘风险的构成要件主要有：（1）组织的文体活动有一定的风险。如打篮球、踢足球、滑雪、拳击、野外旅游等。活动的风险始终存在，但不一定都会有损害后果发生。（2）受害参加者是与所参加的活动具有相适应的民事行为能力人。受害参加者对该活动的风险有认识，风险发生后能做出理性的分析和恰当的选择。（3）受害参加者主观上明知存在风险，但仍自愿参加。如知道打篮球时可能会被人正当合理的碰撞，但仍自愿主动参加打篮球。（4）受害参加者因参加此活动，并因其他参加者的行为造成损害。（5）受害参加者被致伤，但致他受伤的其他参加者的行为没有故意或重大过失。其他参加者的致伤行为是为了争取荣誉、挑战自我极限、追求竞技运动的愉悦感，其行为完全是合法、正当、合理的。（6）活动的组织者没有故意或者过失，尽到安全保障义务。（7）活动不得违反公序良俗、法律的强制性规定。如不得进行"生死决斗"等。具备以上七项构成要件的，即免除组织者和其他参加者的侵权责任。例如参加篮球比赛活动受到参加者的损害，就要自己承担风险和损害责任。

典型的自甘风险文体活动的适用范围：体育比赛、自助旅游、户外探险等领域。例如，激烈的对抗性竞技比赛，如篮球、足球、拳击、赛车、赛马等；其他没有对手但仍然具有超出正常危险的体育或游乐活动，如帆船、滑板、雪橇、碰碰车、攀岩、登山、滑雪、野外旅游等。受害参加者在整个过程中是积极地参与其中，参与了损害的形成过程，发生意外伤害往往是此类活动正常的内在风险。

自甘风险规则的应对之策：（1）活动的参加者在参加文体活动之前，要充分了解活动的风险以及自己的身体状况等，然后决定是否参加；（2）如果要参加，在剧烈运动前一定要先把身体活动开，预热好身体；（3）要多学习、多掌握文体活动中的风险防范知识，通过训练增强自己的防范意识，提高防范技能；（4）要给自己购买人身意外伤害保险。

案例：小马是一位足球运动爱好者，经常参加业余足球比赛。2021 年 2

月 15 日，小马在一次自愿参加的足球比赛中因抢球不慎而摔伤，医药费花了 7000 元，小马打算向抢球的一方和比赛组织者进行索赔。

本案例中，小马是自愿参加足球比赛，因抢球不慎摔伤的，小马不得请求其他比赛参加者和比赛组织者承担侵权责任。足球运动是一种比较激烈的竞技体育活动，在争抢中难免会有磕磕碰碰，具有一定的风险。因此，对于自愿参加足球比赛而受伤的人员，只要其他参加者对损害发生不存在故意或重大过失的，就不需承担侵权责任，风险和受伤后果由伤者本人承担。

法条链接：

《民法典》第一千一百七十六条：自愿参加具有一定风险的文体活动，因其他参加者的行为受到损害的，受害人不得请求其他参加者承担侵权责任；但是，其他参加者对损害的发生有故意或者重大过失的除外。

活动组织者的责任适用本法第一千一百九十八条至第一千二百零一条的规定。

115. 因吵架导致一方心脏病发作死亡的情形是否构成侵权？

答： 行为人因过错侵害他人民事权益造成损害的，应当承担侵权责任。在这类案件中判断行为人是否有过错时，主要根据行为人是否明知受害人存在疾病仍旧故意激怒受害人使其发病受到伤害，以及双方是否主观上都存在过错，吵架、斗嘴的环境，用语的激烈程度等来划分责任。

案例： 王某和徐某是同事关系。一天，两人在办公室因工作发生争执，争执中王某情绪十分激动。后经其他同事劝解后，两人各自回到自己的座位上继续工作，但半小时后王某突然昏倒在地，经送医积极抢救后于当日晚间死亡。经诊断，王某系冠心病发作导致呼吸心搏骤停而死亡。王某家人认为是吵架引发了王某的心脏病发作进而导致其死亡，徐某要为此承担赔偿责任。

本案例中，生活中人与人的争执在所难免，像王某这种因吵架争执导致的悲剧也不少。通常吵架不会对他人造成大的伤害，但是在受害人一方存在特定疾病时，吵架就可能诱发受害人自身的疾病进而造成严重的伤害。在这种情形下，要依据行为人本身的过错来判定责任的承担。

法条链接：

《民法典》第一千一百六十五条：行为人因过错侵害他人民事权益造成损害的，应当承担侵权责任。

依照法律规定推定行为人有过错，其不能证明自己没有过错的，应当承担侵权责任。

116. 小区发生高空抛物砸伤人又无法确定具体行为人，同楼居民该如何自证清白呢？

答： 生活中不时发生高空抛物砸伤人的事件，如果高空抛物的行为人能够自己承认或经调查能够确定具体行为人的，则由侵权行为人承担赔偿责任。但如果经调查也无法确定具体行为人的，根据《民法典》第1254条的规定，除能够证明自己不是侵权人的外，由可能加害的建筑物使用人给予补偿。那么，该如何证明自己不是侵权人呢？可以从以下几个方面进行举证：第一，证明发生损害时，自己不在建筑物中，比如在上班，无法实施高空抛物行为；第二，证明高空抛物或坠落物并非自己所有，比如掉落的鞋子是45码，而自己只有39码的鞋子；第三，证明自己所处的位置在客观上不可能造成抛掷物致人损害，比如自己住在1楼，从掉落的角度看不存在可能性。

案例： 孙某单身，近期所租住的居民楼内的3单元发生一起高空坠物砸伤一层住户王老太的事件。该单元的住户都不承认是自己高空抛物，王老太将该单元住户全部起诉。孙某认为在发生高空坠物时，自己正在外地出差，

发生高空坠物时，我刚好在外地出差，家中无人，你看一下这是我的出差证明。

自己不应承担赔偿责任。本案例中，孙某只需提供自己在外出差的证明，就能够证明自己不是侵权人。

法条链接：

《民法典》第一千二百五十四条第一款：禁止从建筑物中抛掷物品。从建筑物中抛掷物品或者从建筑物上坠落的物品造成他人损害的，由侵权人依法承担侵权责任；经调查难以确定具体侵权人的，除能够证明自己不是侵权人的外，由可能加害的建筑物使用人给予补偿。可能加害的建筑物使用人补偿后，有权向侵权人追偿。

117. 高空抛物伤人，物业公司有责任吗？

答：高空抛物、高空坠物一直是小区治理的一大难题，也被称为"城市上空的痛"。如果有证据证明物业公司未采取必要的安全保障措施，则物业公司应当依法承担未履行安全保障义务的侵权责任。

案例：韩某所居住的小区属于老旧小区，物业管理混乱，从未提醒居民不要高空抛物。某天，韩某被所居住的小区的高空坠物砸伤头部，住院治疗了 15 天，产生医疗费 3 万元、误工费 1 万元。因未确定侵权人，韩某所受到的侵害无人赔偿。

本案例中，韩某被高空坠物砸伤，韩某可以起诉该小区的物业公司。该小区的物业公司负有保障小区安全的义务，但物业公司未采取必要的安全保障措施防止高空抛物这种情况的发生，则应当依法承担未履行安全保障义务的侵权责任。

法条链接：

《民法典》第一千二百五十四条第二款：物业服务企业等建筑物管理人应当采取必要的安全保障措施防止前款规定情形的发生；未采取必要的安全保障措施的，应当依法承担未履行安全保障义务的侵权责任。

$118.$ 高空抛物造成他人损害的，如果受害人自己难以查清具体侵权人时，可以向哪些政府机关请求帮助？

答： 高空抛物造成他人损害，当受害人自己无法查清真相时，可以要求公安等机关依法调查。公安等机关应当依法及时调查，查清真相。《民法典》首次明确了高空抛物侦查的职责主要在公安机关。出现高空抛物损害案件，对于造成损害后果的，公安机关应当及时依法立案调查，查清责任人，依法处置。对责任人情节较轻的，依法给予治安管理处罚；构成犯罪的，应当依法追究刑事责任。通过公安机关的查处，让具体加害人真正承担高空抛物侵权伤害的法律责任，避免让无辜的业主遭受金钱损失。《民法典》的规定打消了部分公民心中存在的高空抛物加害人"查不出来、不会担责"的侥幸念头，让人人更自律，从而杜绝、减少高空抛物加害行为。

案例： 庚某某今年 75 岁，住加州花园小区 5 号楼。某周日，庚某某在小区花园内散步，经过 5 号楼 3 单元时，一瓶矿泉水从高空坠落，掉到庚某某

身旁，导致其受惊吓，摔倒在石头台阶上，磕伤头部。庾某某摔倒后，立即给该小区物业公司打电话，该小区物业公司工作人员立即赶到，逐一询问 3 单元所有住户，该单元所有住户都不承认往楼下抛矿泉水的行为，导致事情陷入僵局。

本案例中，当受害人庾某某自己无法查清事实真相时，可以报警，要求公安机关依法调查。公安机关接到报警后，应当依法及时调查，查清真相。庾某某报警后，经公安机关调查，确认矿泉水系 35 楼住户黄某某的小孩从阳台扔下，黄某某应当承担庾某某头部磕伤所产生的医疗费、营养费、护理费等。

法条链接：

《民法典》第一千二百五十四条第三款：发生本条第一款规定的情形的，公安等机关应当依法及时调查，查清责任人。

119. 生产厂家"一经售出，概不负责"的说法有法律效力吗？

答：没有法律效力。作为生产者，应当采取措施，保证其所生产的产品的质量。因此，生产厂家在售出商品后，并不意味着其对商品的质量保证已经结束。生产厂家的这些质量保证义务是法律明确规定的，不能以其"一经售出，概不负责"的提示而免除，这种免除商家法定义务的做法侵害了消费者的合法权利。因此，商家即便在显著位置标明"一经售出，概不负责"，消费者在购买其商品后发现相应的其应该负责的质量问题时，商家仍需承担责任。

案例：袁某某到隆兴商场购买热水器。经过比较，袁某某看中了一知名厂家甲生产的一款迷你热水器，但该厂销售人员告知袁某某，这款热水器很快就不生产了，所以在购买合同中约定"一经售出，概不负责"的条款。袁某某使用7个月后，该热水器出现故障，于是袁某某就给生产厂家甲的售后服务热线打电话。生产厂家甲的售后服务人员告知袁某某，当时生产厂家甲在商场的显著位置标明"一经售出，概不负责"，并且还明确履行售前告知义务，所以不负责维修。

本案例中，作为生产厂家，甲不能以其"一经售出，概不负责"的提示而免除质量保证义务。生产厂家甲的质量保证义务是法律明确规定的，不能在售出商品后，其对商品的质量保证就宣告结束。因此，生产厂家甲应当对袁某某购买的热水器进行维修，造成损失的，还应当承担赔偿责任。

法条链接：

《民法典》第一千二百零二条：因产品存在缺陷造成他人损害的，生产者应当承担侵权责任。

《中华人民共和国产品质量法》第二十六条规定，生产者应当对其生产的产品质量负责。

120. 因故意或者重大过失侵害自然人具有人身意义的特定物造成严重精神损害的，被侵权人有权请求精神损害赔偿吗？

答：此种情形下，被侵权人有权请求精神损害赔偿。

> 我父亲唯一的一张照片被你弄丢了，给我带来极大的心理伤害，你要给我精神损失赔偿。

案例：甲将自己父亲仅存在世的一张照片送去照相馆乙冲洗，结果却被照相馆乙弄丢了。通常情况下，对他人财物的侵害一般不会导致他人的精神伤害，但是一些特定的物品可能寄托着权利人特殊的感情，一旦被人毁损就会给权利人带来严重的心理和精神伤害。因此，我国法律赋予权利人主张精神损害赔偿的权利。

本案例中，顾客甲仅有的一张父亲的照片却被照相馆乙弄丢，导致其再也无法见到父亲的容貌，给其带来极大的心理伤害。因此，顾客甲可以就照片丢失之事向照相馆乙主张精神损害赔偿。

法条链接：

《民法典》第一千一百八十三条：侵害自然人人身权益造成严重精神损害的，被侵权人有权请求精神损害赔偿。

因故意或者重大过失侵害自然人具有人身意义的特定物造成严重精神损害的，被侵权人有权请求精神损害赔偿。